D1516867

★この作品はフィクションです。実在の人物・
団体・事件などには、いっさい関係ありません。

JUMP COMICS

第《だい》一巻《かん》

天然《てんねん》パーマに
悪《わる》い奴《やつ》はいない

銀魂《ぎんたま》

空知《そらち》英秋《ひであき》

銀《ぎん》魂《たま》 第《だい》一巻《かん》

目次《もくじ》

CONTENTS

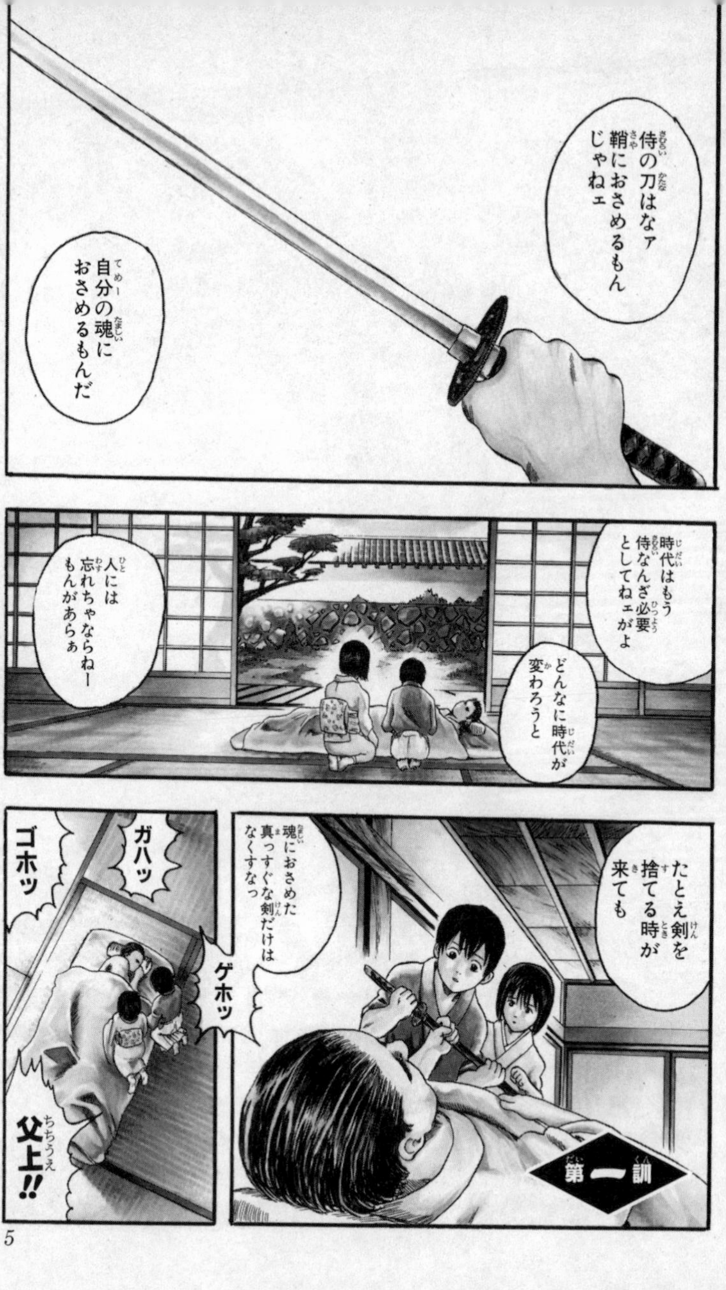
侍《さむらい》の刀《かたな》はなァ
鞘《さや》におさめるもん
じゃねェ
自分《てめー》の魂《たましい》に
おさめるもんだ
時代《じだい》はもう
侍《さむらい》なんざ必要《ひつよう》
としてねェがよ
どんなに時代《じだい》が
変《か》わろうと
人《ひと》には
忘《わす》れちゃならねー
もんがあらぁ
たとえ剣《けん》を
捨《す》てる時《とき》が
来《き》ても
魂《たましい》におさめた
真《ま》っすぐな剣《けん》だけは
なくすなっ
第《だい》一訓《くん》
ガハッ
ゲホッ
ゴホッ
父上《ちちうえ》!!

…ああ
ゴゴゴゴゴゴ
雲《くも》一《ひと》つない
江戸《えど》の空《そら》…
もう一度《ど》
拝《おが》みたかったなァ…

第《だい》一訓《くん》
天然《てんねん》パーマに
悪《わる》い奴《やつ》はいない

「侍《さむらい》の国《くに》」
僕《ぼく》らの国《くに》が そう呼《よ》ばれていたのは 今《いま》は昔《むかし》の話《はなし》
かつて侍達《さむらいたち》が 仰《あお》ぎ夢《ゆめ》を馳《は》せた 江戸《えど》の空《そら》には
今《いま》は 異郷《いきょう》の 船《ふね》が飛《と》び交《か》う
かつて侍達《さむらいたち》が 肩《かた》で風《かぜ》を切《き》り 歩《ある》いた街《まち》には
今《いま》は 異人《いじん》が ふんぞり返《かえ》り 歩《ある》く
すし

だからバカ おめっ…違《ちが》っ…
それじゃねーよ!! そこだよ そこ!!
おめっ 今時《いまどき》 レジ打《う》ちなんて チンパンジーでも 出来《でき》るよ!!
オメー人間《にんげん》じゃん! 一年《ねん》も勤《つと》めてんじゃん! 何《なん》で出来《でき》ねーんだよ!!
す…すみません
剣術《けんじゅつ》しか やってこなかったもの ですから
てめェエエ まだ 剣《けん》ひきずってんのかァ!!
ぐはっ!!

侍《さむらい》も剣《けん》ももうとっくに滅《ほろ》んだんだよ!!
それをいつまで侍気《さむらいき》どりですかテメーは!!あん？
オイオイそのへんにしておけ店長《てんちょう》
？
オイ少年《しょうねん》
レジはいいから牛乳《ぎゅうにゅう》頼《たの》む
あ…ヘイただいま
旦那《だんな》ァ甘《あま》やかしてもらっちゃ困《こま》りまさァ
いや最近《さいきん》の侍《さむらい》を見《み》てるとなんだか哀《あわ》れでなァ
廃刀令《はいとうれい》で刀《かたな》を奪《うば》われるわ職《しょく》を失《うしな》うわ
ハローワークは失業《しつぎょう》した浪人《ろうにん》で溢《あふ》れてるらしいな

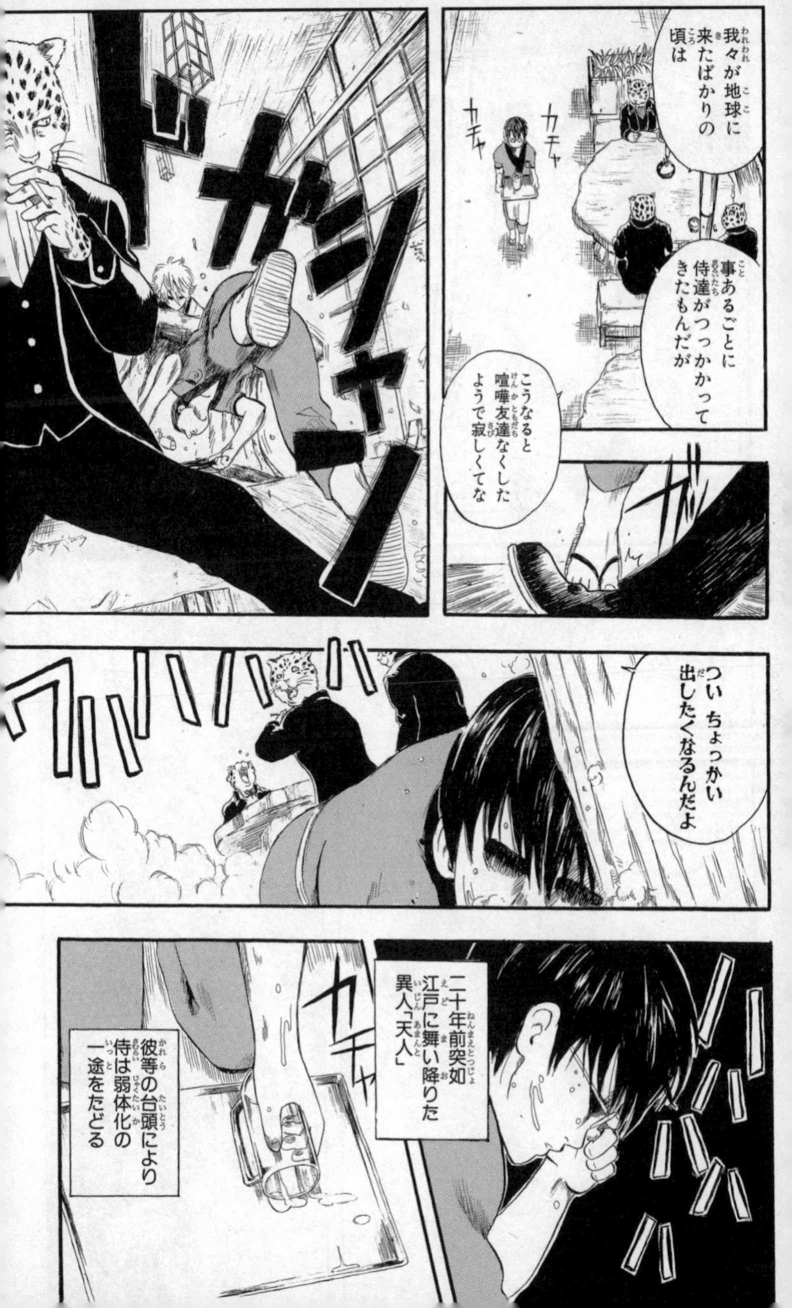
我々《われわれ》が地球《ここ》に来《き》たばかりの頃《ころ》は
カチャ
事《こと》あるごとに侍達《さむらいたち》がつっかかってきたもんだが
こうなると喧嘩友達《けんかともだち》なくしたようで寂《さび》しくてな
ガッ
ドガシャン
ついちょっかい出《だ》したくなるんだよ
ワハハハハ
二十年前突如《ねんまえとつじょ》江戸《えど》に舞《ま》い降《お》りた異人《いじん》「天人《あまんと》」
カチャ
彼等《かれら》の台頭《たいとう》により侍《さむらい》は弱体化《じゃくたいか》の一途《いっと》をたどる

剣《けん》も地位《ちい》も もぎとられ
何《なに》やってんだ 新八《しんぱち》!!
スンマセン お客《きゃく》さん!!
オラッおめーが 謝《あやま》んだよ
誇《ほこ》りも何《なに》も 僕《ぼく》らは捨《す》て去《さ》った
いや… 侍《さむらい》 だけじゃない
この国《くに》に住《す》まう 者《もの》は きっと みんな もう…
おい
?

がぶ!!
ガシャーン
わっ!!
なっ なんだァ!?
何事《なにごと》だァ!!
――!?
侍《さむらい》!?

ザッ
なんだ貴様《きさま》ァ!!
廃刀令《はいとうれい》の御時世《ごじせい》に木刀《ぼくとう》なんぞぶらさげおって!!
ギャーギャーギャーギャー
やかましいんだよ発情期《はつじょうき》ですかコノヤロー
見《み》ろコレ…てめーらが騒《さわ》ぐもんだから
俺《おれ》のチョコレートパフェがお前《まえ》コレ…

まるまるこぼれちゃったじゃねーか!!
!!
…きっ…貴様《きさま》ァ
何《なに》をするかァァ!!
我々《われわれ》を誰《だれ》だと思《おも》って…
俺《おれ》ァなァ!!
医者《いしゃ》に血糖値《けっとうち》高過《たかす》ぎって言《い》われて…
くわっ
パフェなんて週《しゅう》一でしか食《く》えねーんだぞ!!

ドサッ
ザッ
そいつは
キャー
侍《さむらい》というには あまりに 荒々《あらあら》しく
しかし チンピラと いうには あまりに…
店長《てんちょう》に 言《い》っとけ
味《あじ》は よかったぜ
真《ま》っすぐな 目《め》をした男《おとこ》だった

ピピィー
ハイハイ ちょっとどけてェ!!
あっ!! いたいた!!
お前《まえ》か 木刀《ぼくとう》振《ふ》り回《まわ》して暴《あば》れてる侍《さむらい》は!!
おーし 動《うご》くなよ
オイ弥七《やしち》!! 中調《なかしら》べろ!!
ちょっ…待《ま》って違《ちが》いますって!!
あーあ 茶斗蘭星《ちゃとらんせい》の大使《たいし》でさァ
こりゃ国際問題《こくさいもんだい》になるぜ… エライ事《こと》してくれたな

だから僕《ぼく》は違《ちが》いますって!!
犯人《はんにん》はもうとっくに逃《に》げたの!!
ハイハイ犯人《はんにん》はみんなそう言《い》うの
言《い》い訳《わけ》は凶器《きょうき》隠《かく》して言《い》いなさいよ
ポタ ポタ
よし じゃあ調書《ちょうしょ》とるから署《しょ》まで来《き》て
…アレ?
あれェェェェ!?
でにいず
大江戸店
ブロロロ

ボボボボボボ
あ〜やっぱダメだなオイ
糖分《とうぶん》とらねーとなんかイライラす……
おいイイイイ!!
よくも人《ひと》を身《み》代《が》わりにしてくれたなコノヤロー!!
ドドドドドドドドドド
ぜーはー
ぜーはー
アンタのせいでもう何《なに》もかもメチャクチャだァ!!

律義《りちぎ》な子《こ》だな 木刀返《ぼくとうかえ》しに 来《き》てくれたの
いいよ あげちゃう どうせ修学旅行《しゅうがくりょこう》で 浮《う》かれて買《か》った奴《やつ》だし
違《ちが》うわァァ!! 役人《やくにん》からやっとこさ 逃《に》げてきたんだよ!!
違《ちが》うって言《い》ってんのに 侍《さむらい》の話《はなし》なんて誰《だれ》も 聞《き》きゃしないんだ!!
しまいにゃ 店長《てんちょう》まで僕《ぼく》が 下手人《げしゅにん》だって
切《き》られたな そりゃ
レジも打《う》てねェ 店員《てんいん》なんて炒飯《チャーハン》 作《つく》れねェ母《かあ》ちゃん くらいいらねーもんな
アンタ母親《ははおや》を なんだと思《おも》ってんだ!!
バイト クビに なったくらいで ガタガタうる…
今時《いまどき》 侍雇《さむらいやと》って くれる所《ところ》なんて ないんだぞ!!
くわっ
明日《あした》からどーやって 生《い》きてけばいいんだ チクショー!!

キイイイ
ゴッキーン
うっ!!
ギャーギャーやかましいんだよ腐《くさ》れメガネ!!
自分《じぶん》だけが不幸《ふこう》と思《おも》ってんじゃねェ!!
世《よ》の中《なか》にはなァダンボールをマイホームと呼《よ》んで暮《く》らしてる侍《さむらい》もいんだよ!!
大江戸ストア
お前《まえ》そーゆーポジティブな生《い》き方《かた》できねーのか!?
あんたポジティブの意味《いみ》わかってんのか!?
ウィーン
あら? 新《しん》ちゃん?

こんな所《とこ》で
何《なに》をやっているの？
お仕事《しごと》は？
げっ!!
姉上《あねうえ》!!
あ…
どーも
仕事《しごと》もせんと
何《なに》プラプラしとんじゃ
ワレ　ボケェェ!!
ぐふウ!!

今月《こんげつ》どれだけピンチか わかってんのか てめーは コラァ!!
ガッ
げふっ
ゴッ
ガッ
がふっ
ガッ
アンタのチンカスみたいな給料《きゅうりょう》もウチには必要《ひつよう》なんだよ!!
まっ…待《ま》ってェ 姉上《あねうえ》!!
こんな事《こと》になったのは あの男《おとこ》のせいで…
ガチャ
ガチャ
あー!! 待《ま》て オイ!!
ブロロロ
ワリィ 俺《おれ》 夕方《ゆうがた》からドラマの再放送《さいほうそう》見《み》たいか…
5
ニタァ

恒道館道場
いやあの
ホント…
スンマセンでした
俺《おれ》もあの…
登場《とうじょう》シーンだったんで
ちょっと
はしゃいでたって
いうか…
調子《ちょうし》に乗《の》ってました
スンマセンでした

ゴメンですんだらこの世《よ》に切腹《せっぷく》なんて存在《そんざい》しないわ
アナタのおかげでウチの道場《どうじょう》は存続《そんぞく》すら危《あや》ういのよ
鎖国《さこく》が解禁《かいきん》になって二十年《ねん》…
ゴゴゴゴ
方々《ほうぼう》の星《ほし》から天人《あまんと》が来《く》るようになって江戸《えど》は見違《みちが》える程《ほど》発展《はってん》したけど
一方《いっぽう》で侍《さむらい》や剣《けん》…旧《ふる》きに権勢《けんせい》を誇《ほこ》った者《もの》は今次々《いまつぎつぎ》に滅《ほろ》んでいってる
ウチの道場《どうじょう》もそう…廃刀令《はいとうれい》のあおりで門下生《もんかせい》は全《すべ》て去《さ》り
今《いま》では姉弟二人《きょうだいふたり》でバイトしてなんとか形《かたち》だけ取《と》り繕《つくろ》ってる状態《じょうたい》

それでも
父《ちち》の遺《のこ》していった
この道場《どうじょう》護《まも》ろうと
今《いま》まで二人《ふたり》で
必死《ひっし》に頑張《がんば》って
きたのに…
ガ
お前《まえ》のせいで
全部《ぜんぶ》パーじゃ
ボケェェ!!
おちつけエエ
姉上《あねうえ》!!
うがー
新八君《しんぱちくん》!!君《きみ》の
お姉《ねえ》さんゴリラにでも
育《そだ》てられたの!!
待《ま》て 待《ま》て待《ま》て
おちつけエエ!!
ピッ
切腹《せっぷく》はできねーが
俺《おれ》だって尻《ケツ》ぐらい
もつって ホラ
？
…なにコレ？
名刺《めいし》…
万事屋
坂田 銀時
万事屋《よろずや》
坂田銀時《さかたぎんとき》？

こんな時代《じだい》だ仕事《しごと》なんて選《えら》んでる場合《ばあい》じゃねーだろ
頼《たの》まれればなんでもやる商売《しょうばい》やっててなァ
ポン
ポン
この俺《おれ》万事屋《よろずや》銀《ぎん》さんが
なんか困《こま》った事《こと》あったらなんでも解決《かいけつ》してや…
だーからお前《まえ》に困《こま》らされてんだろーが!!
ドゴ
バキ
仕事《しごと》紹介《しょうかい》しろ仕事《しごと》!!
おちつけェェ!!仕事《しごと》は紹介《しょうかい》できねーが!!
バイトの面接《めんせつ》の時《とき》緊張《きんちょう》しないお呪《まじな》いなら教《おし》えてや…
バキ
いらんわァァ!!

姉上《あねうえ》…
やっぱりこんな時代《じだい》に剣術道場《けんじゅつどうじょう》やってくのなんて土台無理《どだいむり》なんだよ
この先《さき》剣《けん》が復興《ふっこう》することなんてもうないよ
こんな道場《どうじょう》必死《ひっし》に護《まも》ったところで僕《ぼく》らなにも…
損得《そんとく》なんて関係《かんけい》ないわよ
親《おや》が大事《だいじ》にしてたものを子供《こども》が護《まも》るのに
理由《りゆう》なんているの？
でも姉上《あねうえ》
父上《ちちうえ》が僕《ぼく》らに何《なに》をしてくれたって…

ドカァ
!!
ドン
くらァァァァァ
ズカ
今日《きょう》という今日《きょう》はキッチリ金返《かねかえ》してもらうで〜!!
ズカ
ワシもう我慢《がまん》でけへんもん!!
イライラしてんねんもん!

オーイ借金《しゃっきん》か
オメーらガキのくせにデンジャラスな世渡《よわた》りしてんな
俺達《おれたち》がつくったんじゃない…父上《ちちうえ》が
ムキャー。
ウキャーズキャー
新《しん》ちゃん!!
何《なに》をゴチャゴチャぬかしとんねん!!
早《は》よ金《かね》もってこんかいボケェエ!!
早《は》よう帰《かえ》ってドラマの再放送《さいほうそう》見《み》なアカンねんワシ
ちょっと待《ま》って今日《きょう》は…
じゃかしーわ!!
こっちはお前《まえ》らのオトンの代《だい》からずっと待《ま》っとんねん!!
もォーハゲるわ!!

金払《かねはら》えん時《とき》は
この道場《どうじょう》売《う》り飛《と》ばす
ゆーて約束《やくそく》したよな!!
あの約束《やくそく》
守《まも》ってもらおか!!
ちょっと!!
待《ま》ってください!!
なんや!!
もうエエやろ
こんなボロ道場《どうじょう》
借金《しゃっきん》だけ残《のこ》して
死《し》にさらしたバカ親父《おやじ》に
義理《ぎり》なんて通《とお》さんで
エエわ!!捨《す》ててまえ
こんな道場《どうじょう》…
ザッ
この女《アマ》ッ!!
何《なに》さらしとんじゃ!!
おぶ

ダン
くっ
姉上《あねうえ》ェェ!!
このォ
ボケェ…
女《おんな》やと思《おも》って
手《て》ェ出《だ》さんとでも
思《おも》っとんかァァ!!

そのへんにしとけよ
ゴリラに育《そだ》てられたとはいえ女《おんな》だぞ
メキ メキ
バッ
なっ…なんやワレェェ!!
この道場《どうじょう》にまだ門下生《もんかせい》なんぞおったんかイ!!
…ホンマにっどいつもコイツも
もうエエわ!! 道場《どうじょう》の件《けん》は…
せやけどなァ姉《ねえ》さんよォ
その分《ぶん》アンタに働《はたら》いて返《かえ》してもらうで
ゴンッ

コレ
わしなァこないだから新《あたら》しい商売《しょうばい》始《はじ》めてん
ノーパンしゃぶしゃぶ天国《てんごく》ゆーねん
ノッ…
ノーパンしゃぶしゃぶだとォ!!
簡単《かんたん》にゆーたら空飛《そらと》ぶ遊郭《ゆうかく》や
今《いま》の江戸《えど》じゃ遊郭《ゆうかく》なんぞ禁止《きんし》されとるやろ
だが空《そら》の上《うえ》なら役人《やくにん》の目《め》はとどかんやりたい放題《ほうだい》や
色《いろ》んな星《ほし》のべっぴんさん集《あつ》めとったんやけど
あんたやったら大歓迎《だいかんげい》やで
まァ道場《どうじょう》売《う》るか体《からだ》売るかゆー話《はなし》や
どないする

ふざけるな そんなの行《い》くわけ…
わかりました 行《い》きましょう
ええええええ!!
こりゃ たまげた 孝行娘《こうこうむすめ》や
ちょっ… 姉上《あねうえ》ェ
なんで そこまで…
もういい じゃないか
ねェ!!
姉上《あねうえ》!!
ピタッ
新《しん》ちゃん あなたの言《い》う通《とお》りよ
こんな道場《どうじょう》 護《まも》ったっていい事《こと》なんて なにもない
苦《ぐる》しいだけ…

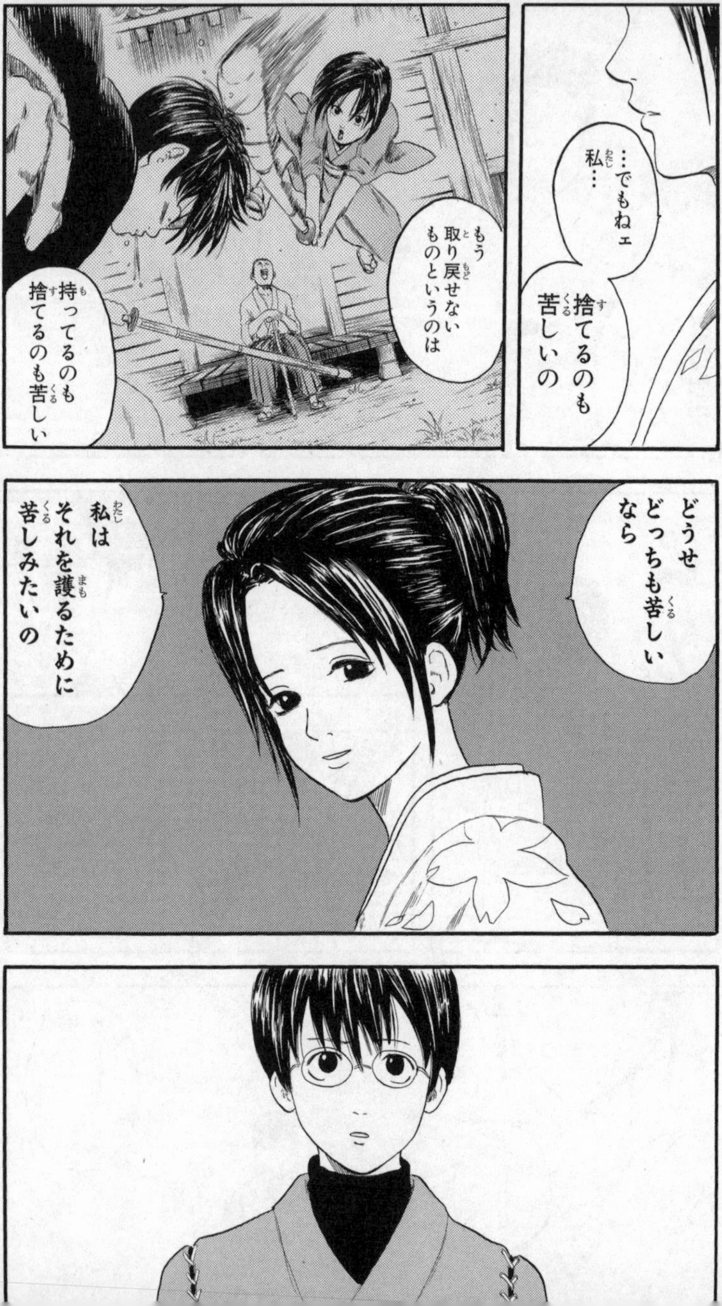
…でもねェ 私《わたし》…
捨《す》てるのも 苦《くる》しいの
もう 取《と》り戻《もど》せない ものというのは
持《も》ってるのも 捨《す》てるのも苦《くる》しい
どうせ どっちも苦《くる》しい なら
私《わたし》は それを護《まも》るために 苦《くる》しみたいの

ドゥルーン
ブロロロ
んだよチキショー!!
バカ姉貴《あねき》がよォォ!!
父《とう》ちゃん父《とう》ちゃんって
あのハゲが何《なに》して
くれたってよ
たまにオセロやって
くれたぐらいじゃねーか!!

父《とう》ちゃん ハゲてたのか
いや精神的《せいしんてき》に ハゲて…
ってアンタまだいたんですか!!
しかも人《ひと》んちで何《なに》 本格的《ほんかくてき》なクッキングに挑戦《ちょうせん》してんの!!
いや 定期的《ていきてき》に甘《あま》いもの食《く》わねーとダメなんだ俺《おれ》
だったらもっとお手軽《てがる》なものつくれや!!
…ねーちゃん追《お》わなくていいのか
…知《し》らないっスよ自分《じぶん》で決《き》めて行《い》ったんだから
姉上《あねうえ》もやっぱ父上《ちちうえ》の娘《むすめ》だな
そっくりだ
父上《ちちうえ》も義理《ぎり》だの人情《にんじょう》だの
そんな事《こと》ばっか言《い》ってるお人好《ひとよ》しで
そこをつけこまれ友人《ゆうじん》に借金《しゃっきん》しょいこまされてのたれ死《じ》んだ

どうして あんなにみんな 不器用《ぶきよう》かな
僕《ぼく》はキレイ事《ごと》 だけ並《なら》べて のたれ 死《じ》ぬのは御免《ごめん》ですよ
どんなに 時代《じだい》が変《か》わろうと
人《ひと》には 忘《わす》れちゃならねー もんがあらァ
親《おや》が大事《だいじ》にしてた ものを子供《こども》が 護《まも》るのに
理由《りゆう》なんて いるの？
今《いま》の時代《じだい》 そんなのもってたって 邪魔《じゃま》なだけだ
僕《ぼく》はもっと 器用《きよう》に生《い》き のびてやる
そーかい… でも
俺《おれ》にはとても
お前《まえ》が器用《きよう》 になんて 見《み》えねーけどな

ガタッ
侍《さむらい》が動《うご》くのに
理屈《りくつ》なんて
いらねーさ
ボリボリ
そこに護《まも》りてェ
もんがあるなら
剣《けん》を抜《ぬ》きゃいい
姉《ねえ》ちゃんは
好《す》きか？
ゴクッ

ブロロロロロロ
絶景《ぜっけい》の夕陽《ゆうひ》を見《み》ながら天国《てんごく》へ
第《だい》一便《びん》午後《ごご》四時《じ》出航《しゅっこう》
ヤバイ!! もう船《ふね》が出《で》ます!!
もっとスピード出《で》ないんですか!!
いや こないだスピード違反《いはん》で罰金《ばっきん》とられたばっかだから
んな事《こと》言《い》ってる場合《ばあい》じゃないんですって!! 姉上《あねうえ》がノーパンの危機《きき》なんスよ!!
ノーパンぐらいでやかましーんだよ!!
世《よ》の中《なか》にはなァ新聞紙《しんぶんし》をパンツと呼《よ》んで暮《く》らす侍《さむらい》もいんだよ

ファンファン
!!
ファン
ファン
そこのノーヘル
止《と》まれコノヤロー
道路交通法《どうろこうつうほう》
違反《いはん》だコノヤロー
大丈夫《だいじょうぶ》ですぅ
頭《あたま》かたいから
御用
大江戸警
そーゆー問題《もんだい》じゃ
ねーんだよ!!
規則《きそく》だよ
規則《きそく》!!
ガーン
うるせーな
かてーって言《い》ってんだろ
ぶっ!!
大江戸警
ギャアアア!!鼻血《はなぢ》が!!
いい歳《とし》して鼻血《はなぢ》出《だ》しちゃった!!
!!

ゴゴゴゴゴ
ノーパン しゃぶしゃぶ天国《てんごく》…
出発《しゅっぱつ》しちゃった!!
どーすんだァ!! あんなに高《たか》く…
あ゙あ゙あ゙あ!! 姉上《あねうえ》がノーパンにい
なんだとォ!! ノーヘルのうえ ノーパンなのか貴様《きさま》!!
キラーン
お妙《たえ》で ございます
可愛《かわい》がって くださいまし

だから違《ちが》うゆーとるやろ!!
そこでもっと胸《むね》の谷間《たにま》を強調《きょうちょう》じゃボケッ!!
胸《むね》の谷間《たにま》なんて十八年《ねん》生きてきて一回《かい》もできた事《こと》ないわよ
メキッ
あ スマン やりたくてもでけへんかったんかイ
まア エエわ!! 次《つぎ》実技《じつぎ》!!
パンツを脱《ぬ》ぎ捨《す》ていよいよシャブシャブじゃー!!
どないした!?
はよ脱《ぬ》がんかイ!!
これも道場《どうじょう》護《まも》るためや! 我慢《がまん》しーや!!
くっ!!
今《いま》さら怖《お》じ気《け》づいたところで遅《おそ》いゆーねん!!
キャアアアアア!!

ゴゴゴゴ
!?
なっ…
なんやアアア
ドゴッ
ン
キャアアアア!!
ちょっと ちょっと 何《なに》ィ!?

ガラッ
社長《しゃちょう》オオオ!!
何事《なにごと》ですかァァ!!
パラ
パラ
船《ふね》が…
つっこんできよった!!
アカンで コレ パトカーやん!!
ゲホッ
ゴホッ
役人《やくにん》が嗅《か》ぎつけて来《き》よったか!!
ザッ
安心《あんしん》しなァ コイツはただのレンタカーだ
!!

どーも万事《よろず》屋《や》でーす
ガこん
姉上《あねうえ》ェ!!まだパンツははいてますか!!
……新《しん》ちゃん!!
おのれら何《なに》さらしてくれとんじゃー!!

姉上《あねうえ》 返《かえ》して もらいに来《き》た
アホかァァ!! どいつもこいつも もう 遅《おそ》いゆーのがわからんかァ!!
新八《しんぱち》 お前《まえ》 こんな真似《まね》さらして 道場《どうじょう》タダですまんで!!
道場《どうじょう》なんて しったこっちゃないね
俺《おれ》は姉上《あねうえ》が いつも笑《わら》ってる道場《どうじょう》が 好《す》きなんだ
姉上《あねうえ》の泣《な》き顔《がお》 見《み》るくらいなら あんな道場《どうじょう》いらない
新《しん》ちゃん
ボケがァァ!! たった二人《ふたり》で何《なに》 できるゆーねん!!
いてもうたらァ!!

オイ
俺《おれ》がひきつけといて
やるから
てめーは
脱出《だっしゅつ》ポッドでも
探《さが》して逃《に》げろ
あんたは!?
てめーは
姉《ねえ》ちゃんを護《まも》る
ことだけ考《かんが》えろや
俺《おれ》は俺《おれ》の
護《まも》りてェもん
護《まも》る
チャッ
何《なに》をゴチャゴチャ
ぬかしとんじゃ
チャカ
死《し》ねェエ!!

はイイイイ
次《つぎ》イイイイ!!
なっ…
なんだコイツう!?

何《なに》!?
でっ…でたらめだけど…
強《つよ》い!!
新一《しんいち》いいいい!!
いけエエエ!!
新八《しんぱち》だボケエエ!!
ワー
ギャー

ドダダダド
新《しん》ちゃん いいの あの人《ひと》…
いくらなんでも多《おお》すぎよ 敵《てき》が
なんであそこまで私達《わたしたち》のこと…
そんなのわかんないよ!!
でも アイツは戻《もど》ってくる!!
だってアイツの中《なか》にはある気《き》がするんだ
父上《ちちうえ》が言《い》ってたあの…
ドドドドドドドド
あ゙あ゙あ゙あ゙あ゙!!
!!

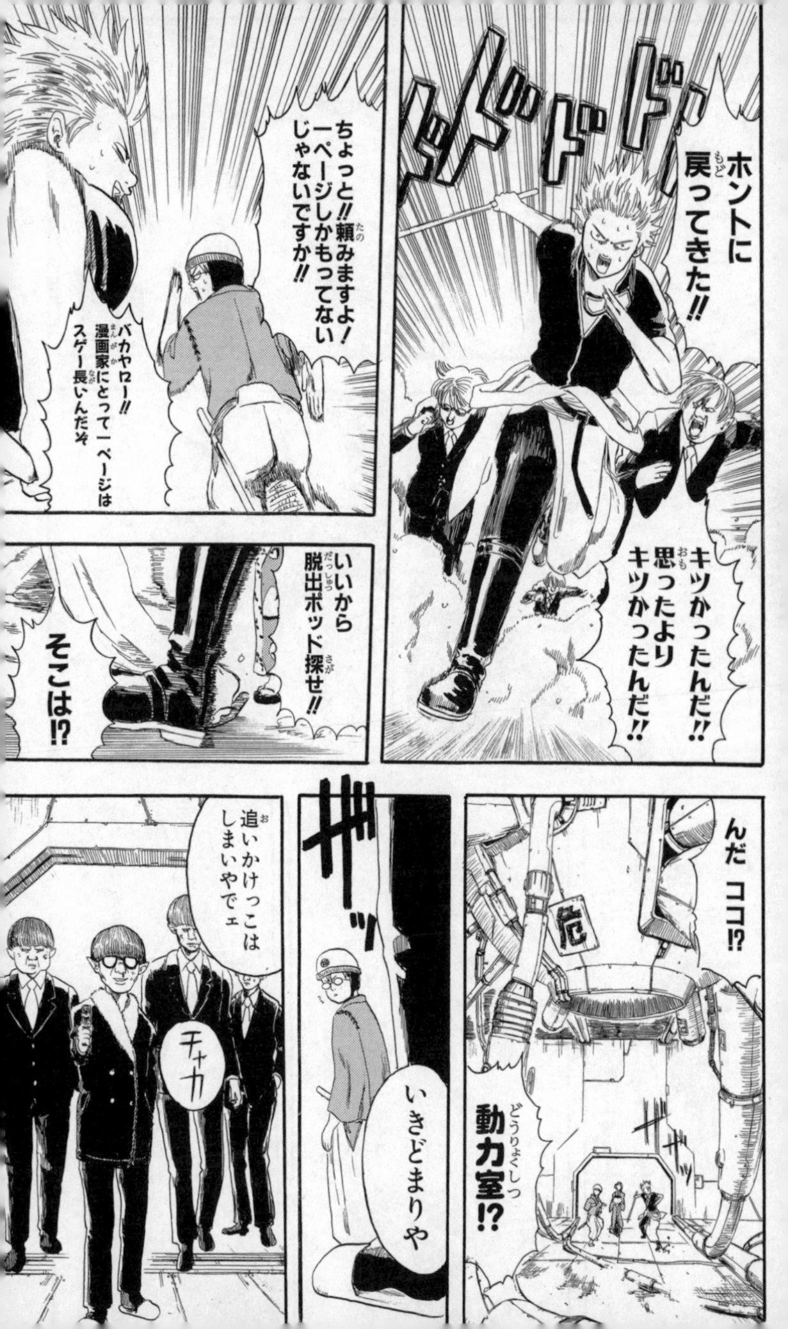

ホントに戻《もど》ってきた!!
キツかったんだ!!思《おも》ったよりキツかったんだ!!
ちょっと!!頼《たの》みますよ！一ページしかもってないじゃないですか!!
バカヤロー!!漫画家《まんがか》にとって一ページはスゲー長《なが》いんだぞ
いいから脱出《だっしゅつ》ポッド探《さが》せ!!
そこは!?
んだ ココ!?
危
動力室《どうりょくしつ》!?
ザッ
ザッ
ザーッ
いきどまりや
追《お》いかけっこはしまいやでェ
チャカ

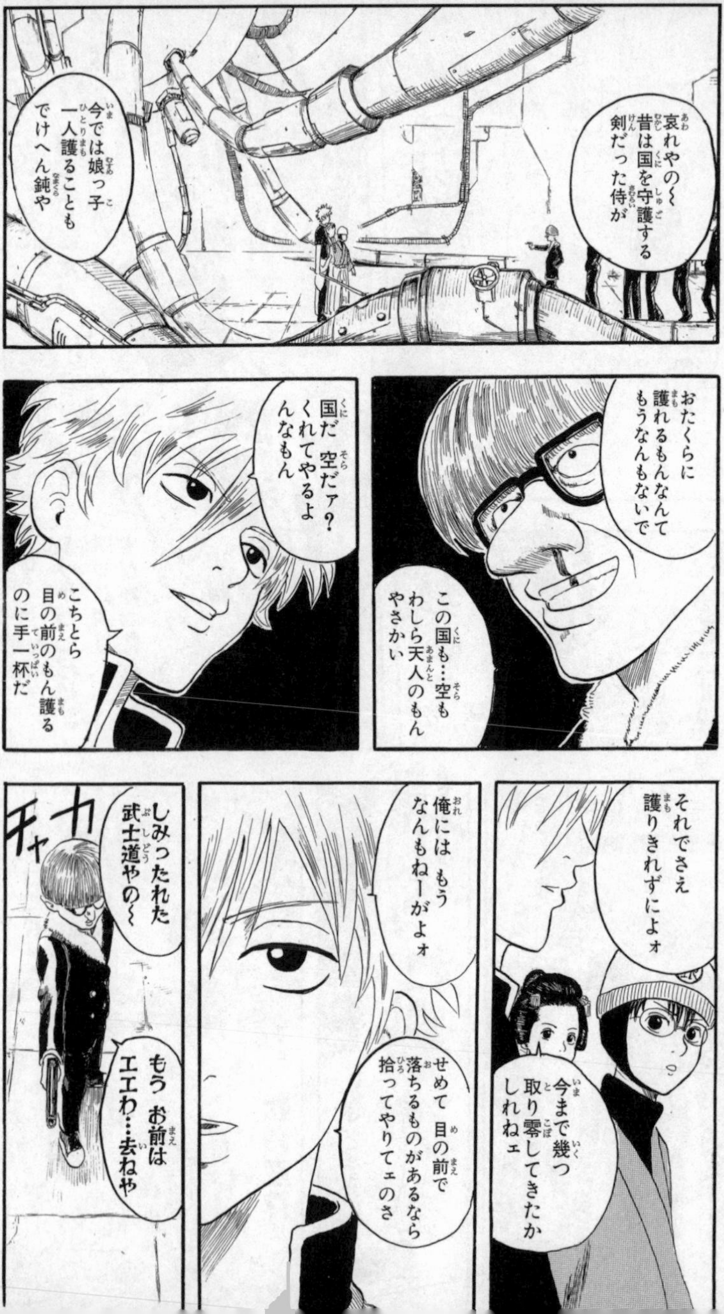
哀《あわ》れやの〜 昔《むかし》は国《くに》を守護《しゅご》する 剣《けん》だった侍《さむらい》が
今《いま》では娘《むすめ》っ子《こ》 一人《ひとり》護《まも》ることも でけへん鈍《なまくら》や
おたくらに 護《まも》れるもんなんて もうなんもないで
この国《くに》も…空《そら》も わしら天人《あまんと》のもん やさかい
国《くに》だ 空《そら》だァ？ くれてやるよ んなもん
こちとら 目《め》の前《まえ》のもん護《まも》る のに手《て》一杯《いっぱい》だ
それでさえ 護《まも》りきれずによォ
今《いま》まで幾《いく》つ 取《と》り零《こぼ》してきたか しれねェ
俺《おれ》には もう なんもねーがよォ
せめて 目《め》の前《まえ》で 落《お》ちるものがあるなら 拾《ひろ》ってやりてェのさ
しみったれた 武士道《ぶしどう》やの〜
もう お前《まえ》は エエわ…去《い》ねや
チャカ

ちょっ　あきまへんて　社長《しゃちょう》!!
ガッ
アレに弾《たま》あたったらどないするんですか
船《ふね》もろともおっ死《ち》にますよ
ア…アカン忘《わす》れとった
って…登《のぼ》っちゃってるよアイツ!!おいイィ!!
よいしょよいしょ
ちょっ待《ま》ちィィ!!
アカンで　それ!!この船《ふね》の心臓《しんぞう》…
客《きゃく》の大事《だいじ》なもんは俺《おれ》の大事《だいじ》なもんでもある
そいつを護《まも》るためなら俺《おれ》ぁなんでもやるぜ!!

!!
きいやアアアアア
ホンマにやりよったアア!!
ゴゴゴゴ
!!
何《なに》この浮遊感《ふゆうかん》気持《きも》ち悪《わる》っ!!
落《お》ちてんのコレ!?
落《お》ちてんの!?
ギャアアアアアアア!!

幸い
海《うみ》の上《うえ》だったから
よかったようなものの
街《まち》に落《お》ちてたら
どーなってた
ことやら
あんな
無茶苦茶《むちゃくちゃ》な
侍見《ざむらいみ》たことない
でも結局《けっきょく》
助《たす》けられちゃったわね
んだよオ!!
江戸《えど》の風紀《ふうき》を乱《みだ》す
輩《やから》の逮捕《たいほ》に協力《きょうりょく》
してやったんだぞ!!
パトカー
拝借《はいしゃく》したのくらい
水《みず》に流《なが》してくれても
いいだろが!!
拝借《はいしゃく》ってお前《まえ》
パトカーも俺《おれ》も
ボロボロじゃねーか!!
ただの強盗《ごうとう》だ ボケ
戸江大

元々《もともと》ボロボロの顔《かお》じゃねーか‼ かえって二枚目《にまいめ》になったんじゃねーか
マジでか‼ どのへん⁉
…姉上《あねうえ》 俺《おれ》…
行《い》きなさい
あの人《ひと》の中《なか》に何《なに》か見《み》つけたんでしょ
行《い》って見《み》つけてくるといいわ
あなたの剣《けん》を
私《わたし》は私《わたし》のやり方《かた》で探《さが》すわ
大丈夫《だいじょうぶ》 もう無茶《むちゃ》はしないから
私《わたし》だって新《しん》ちゃんの泣《な》き顔《がお》なんて見《み》たくないからね
…姉上《あねうえ》

例《たと》え剣《けん》を捨《す》てる時《とき》が来《き》ても
魂《たましい》におさめた真《ま》っすぐな剣《けん》だけはなくすな
父上《ちちうえ》
この男《おとこ》の魂《たましい》いかなるものか
ひどくわかり辛《づら》いですがそれは鈍《にぶ》く…確《たし》かに光《ひか》っているように思《おも》うのです
今《いま》しばらく傍《かたわ》らでその光《ひかり》…眺《なが》めてみようと思《おも》います

しるかボケエエエ!!
金《かね》がねーなら腎臓《じんぞう》なり金玉《きんたま》なり売《う》って 金《かね》つくらんかいクソッたりゃー!!
第《だい》二訓《くん》
家賃如《やちんごと》きでうるせーよウンコババア!!
こないだ アレ…ビデオ直《なお》してやったろ!アレでチャラでいいだろが!!
いいわけねーだろ!五か月分《げつぶん》の家賃《やちん》だぞ!!
大体《だいたい》 あのビデオまた壊《こわ》れて「鬼平犯科帳《おにへいはんかちょう》」コンプリート失敗《しっぱい》しちまったわい!!
バカヤロー諦《あきら》めんなきっと また再放送《さいほうそう》するさ!!
万事屋銀ちゃん
スナック お登勢

んなこたァいいから
家賃《やちん》よこせっつーんだよ
この天然《てんねん》パーマネント!!
ガッ
んだ コラァ
お前《まえ》に天然《てんねん》パーマの
苦《くる》しみがわかるか!!
カン
カン
ハァ〜〜〜
また
やってんのか
早《はや》いもので
僕《ぼく》がここに来《き》て
半月《はんつき》
フリーターから
心機一転《しんきいってん》
あの男《おとこ》のもとで
働《はたら》き始《はじ》めた僕《ぼく》だが
万事屋銀
万事屋《よろずや》なんて
いかがわしい商売《しょうばい》
そう儲《もう》かるわけもなく
じり貧《ひん》の
生活《せいかつ》は相変《あいか》
わらずだった
ちょっと…
アンタらいい加減《かげん》
ギャー
ギャー
果《は》たして このまま
あの男《おとこ》についていって
いいものか

ぎゃあああ!!
第《だい》三訓《くん》
ペットは飼主《かいぬし》が責任《せきにん》を持《も》って
最後《さいご》まで面倒《めんどう》を見《み》ましょう
最近《さいきん》悩《なや》んでる

コポ
コポ
どーすんスか 生活費《せいかつひ》まで ひっぱがされて…
糖分
今月《こんげつ》の僕《ぼく》の 給料《きゅうりょう》 ちゃんと 出《で》るんでしょーね
頼《たの》みますよ 僕《ぼく》んちの家計《かけい》だって キツいんだから
腎臓《じんぞう》ってよォ 二つもあんの なんか 邪魔《じゃま》じゃない？
売《う》らんぞォオ!! 何恐《なにおそ》ろしー事考《ことかんが》えてんだ!!
カリカリ すんなや
ピッ
金《かね》はなァ がっつく奴《やつ》の所《とこ》には 入《はい》ってこねーもんさ

糖
ウチ 姉上《あねうえ》が 今度《こんど》はスナックで 働《はた》き始《はじ》めて
寝《ね》る間《ま》も 惜《お》しんで頑張《がんば》って るんスよ…
アリ? 映《うつ》りワリーな
ガン ガン
ちょっと! きーてんの?
オ…… はいった
現在《げんざい》謎《なぞ》の生物《せいぶつ》は 新宿方面《しんじゅくほうめん》へ向《む》かって いると思《おも》われます
ご近所《きんじょ》にお住《す》まいの 方《かた》は速《すみ》やかに 避難《ひなん》することを…
オイオイ またターミナルから 宇宙生物《えいりあん》侵入《しんにゅう》か?
最近《さいきん》 多《おお》いねェ
宇宙生物《えいりあん》より 今《いま》はどーやって 生計《せいけい》たてるかの 方《ほう》が問題《もんだい》スよ
ピンポーン
?

金《かね》なら もうねーって 言《い》ってんだろーが腐《くさ》れババア!!
あれ?

ドガッ
局長《きょくちょ》オオ!!
貴様《きさま》アァ!!
何《なに》をするかァァ!!
スンマセン
間違《まちが》えました
出直《でなお》してきます
待《ま》てエエエ!!
カチャ
貴様《きさま》が
万事屋《よろずや》だな
我々《われわれ》と一緒《いっしょ》に
来《き》てもらおう
…わりーな
知《し》らねー人《ひと》には
ついていくなって
母《かあ》ちゃんに言《い》われてんだ
幕府《おかみ》の言《い》う事《こと》
には逆《さか》らうなとも
教《おそ》わらなかったか

オメーら幕府《ばくふ》の…!?
入国管理局《にゅうこくかんりきょく》の者《もの》だ
アンタに仕事《しごと》の依頼《いらい》に来《き》た万事屋《よろずや》さん
入国管理局《にゅうこくかんりきょく》の長谷川泰三《はせがわたいぞう》っていったら
天人《あまんと》の出入国《しゅつにゅうこく》の一切《いっさい》をとり締《し》まってる幕府《ばくふ》の重鎮《じゅうちん》スよ
そんなのが一体《いったい》何《なん》の用《よう》でしょう?
何《なん》の用《よう》ですかおじさん

万事屋《よろずや》つったっけ？
金《かね》さえ積《つ》めば何《なん》でもやってくれる奴《やつ》がいるってきいてさ
ちょっと仕事《しごと》頼《たの》みたくてね
仕事《しごと》だァ？
幕府《てめーら》仕事《しごと》なんてしてたのか
街《まち》見《み》てみろ天人《あまんと》どもが好《す》き勝手《かって》やってるぜ
こりゃ手厳《てきび》しいね
俺達《おれたち》もやれることはやってるんだがね
なんせ江戸《えど》がこれだけ進歩《しんぽ》したのも奴《やつ》らのおかげだから
おまけに地球《ここ》をエラク気《き》に入《い》ってるようだし無下《むげ》には扱《あつか》えんだろ

既《すで》に幕府《ばくふ》の中枢《ちゅうすう》にも天人《あまんと》は根《ね》を張《は》ってるしな
地球《ちきゅう》から奴《やつ》らを追《お》い出《だ》そうなんて夢《ゆめ》はもう見《み》んことだ
俺達《おれたち》にできることは奴《やつ》らとうまいこと共生《きょうせい》していくことだけだよ
共生《きょうせい》ねェ…
んで 俺《おれ》にどうしろっての
俺達《おれたち》もあまり派手《はで》に動《うご》けん仕事《しごと》でなァ
公《おおやけ》にすると幕府《ばくふ》の信用《しんよう》が落《お》ちかねん
実《じつ》はな 今《いま》幕府《ばくふ》は外交上《がいこうじょう》の問題《もんだい》で
国《くに》を左右《さゆう》する程《ほど》の危機《きき》をむかえてるんだ
央国星《おうこくせい》の皇子《おうじ》が今《いま》地球《ここ》に滞在《たいざい》してるんだが
その皇子《おうじ》がちょっと問題《もんだい》を抱《かか》えていてな…それが…

余《よ》のペットがの〜いなくなってしまったのじゃ
よーしよーし
探《さが》し出《だ》して捕《とら》えてくれんかのォ
ザッ
オイいいい!! ちょっと待《ま》てエエエ!!
君《きみ》ら万事屋《よろずや》だろ? 何《なん》でもやる万事屋《よろずや》だろ?
いや わかるよ! わかるけどやって! 頼《たの》むからやって!
うるせーな グラサン 叩《たた》き割《わ》るぞ うすらハゲ
ああ ハゲでいい!! ハゲでいいからやってくれ!!

ヤバイんだよ あそこの国《くに》からは 色々《いろいろ》金《かね》とかも 借《か》りてるから幕府《うち》
しらねーよ そっちの問題《もんだい》だろ
ペットぐらいで 滅《ほろ》ぶ国《くに》なら 滅《ほろ》んだ方《ほう》がいいわ
ペットぐらいとは なんじゃ ペスは 余《よ》の家族《かぞく》も 同然《どうぜん》ぞ
だったらテメーで 探《さが》してください バカ皇子《おうじ》
ガッ
オイぃぃ!! バカだけど皇子《おうじ》 だから!!皇子《おうじ》なの!!
アンタ まる聞《ぎ》こえ ですよ
大体《だいたい》そんな問題《もんだい》 アナタ達《たち》だけで 解決《かいけつ》できるでしょ
いや それがダメなんだ
だって ペットっつっても…
ズズン!!
HOTEL

おおーペスじゃ!!
ペスが余《よ》の元《もと》に帰《かえ》って来《き》てくれたぞよ!!
誰《だれ》か捕《つか》まえてたもれ!!
TEL 桜
ペスううう!?ウソおおおお!!
だから言《い》ったじゃん!!
だから言《い》ったじゃん!!

あっ!!テレビで暴《あば》れてた謎《なぞ》の生物《せいぶつ》ってコレ!?
こんなんどーやって捕《つか》まえろってんスか!!
っていうかどーやって飼《か》ってたわけ!?
ペスはの～秘境《ひきょう》の星《ほし》で発見《はっけん》した未確認生物《みかくにんせいぶつ》でな
余《よ》になついてしまったゆえ船《ふね》で牽引《けんいん》してつれ帰《かえ》ったの
じゃふア!!
全然《ぜんぜん》なついてないじゃないスか!!
ゴゴッ ゴゴゴ
ヤバイ!!また市街地《しがいち》に出《で》る
!!

銀《ぎん》さん!!
ゴゴゴゴ
新八《しんぱち》しょう油《ゆ》買《か》ってこい
今日《きょう》の晩《ばん》ごはんはタコの刺身《さしみ》だ
いやタコ焼《や》きのがいいか
いただきまーす!!

ゴン
させるかァァ!!
!!
いだだだだ!!
何《なに》しやがんだ!!
脳《のう》ミソ出《で》てない？コレ
手《て》ェ出《だ》しちゃダメだ
無傷《むきず》で捕《つか》まえろって
皇子《おうじ》に言《い》われてんだ!!
無傷《むきず》？
できるかァそんなん!!
それを 何《なん》とか
してもらおうと
アンタ呼《よ》んだの
無理《むり》 無理《むり》！
無理《むり》だって!!
うわアアアア!!

!!
新八《しんぱち》イイ!!
ちっ
ガチャ
!
勝手《かって》なマネするなって言《い》ってるでしょ
てめェ…
うわァァァ
助けてェ
無傷《むきず》で捕獲《ほかく》なんざ不可能《ふかのう》なのは百《ひゃく》も承知《しょうち》だよ
多少《たしょう》の犠牲《ぎせい》が出《で》なきゃバカ皇子《おうじ》はわかんないんだって
ちょっとォ!!
きいてんの~

アレの処分許可《しょぶんきょか》得《え》るためにウチの助手《じょしゅ》エサにするってか
どーやら幕府《てめーら》ホントに腐《くさ》っちまってるみてーだな
言《い》ったろ俺達《おれたち》は奴等《やつら》と共生《きょうせい》していくしかないんだってば
腐《くさ》ってよーが俺《おれ》は俺《おれ》のやり方《かた》で国《くに》を護《まも》らしてもらう
それが俺《おれ》なりの武士道《ぶしどう》だ
クク そーかい
んじゃ俺《おれ》は俺《おれ》の武士道《ぶしどう》でいかせてもらう!!
ザッ
!!

待《ま》てェ!!
たった一人《ひとり》の人間《にんげん》と一国《いっこく》…どっちが大事《だいじ》か考《かんが》えろ!!
しったこっちゃねーな
んな事《こと》!!

ばっ
新八《しんぱち》イイイ!!
気張《きば》れエエエ!!
ふぐっ!!
気張《きば》れったって…
どちくしょオオオ!!
ギギ
幕府《ばくふ》が滅《ほろ》ぼうが
国《くに》が滅《ほろ》ぼうが
関係《かんけい》ないもんね!!

俺《おれ》は
自分《てめー》の肉体《からだ》が滅《ほろ》ぶまで
背筋《せすじ》のばして生《い》きてくだけよっ!!

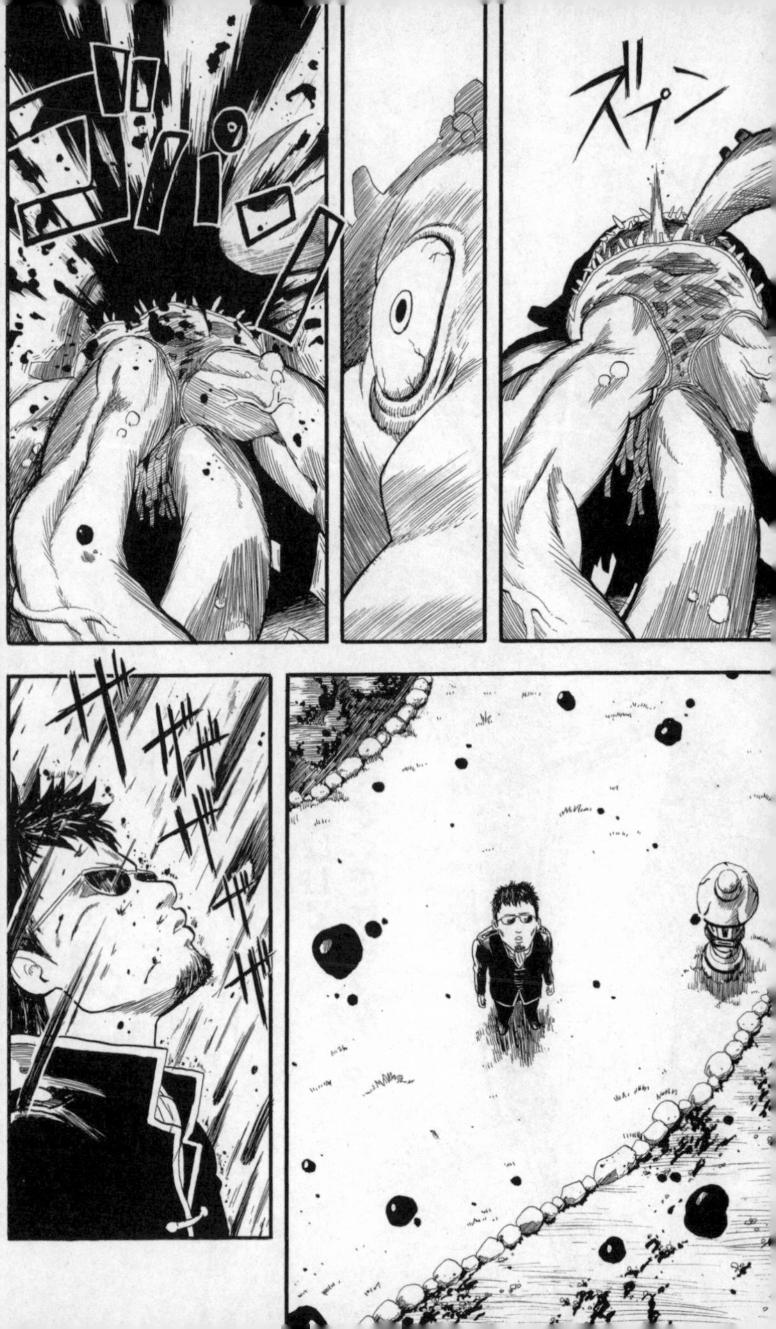
ズプン

…あ〜あ
目茶苦茶《めちゃくちゃ》やってくれやがって あのヤロー
あ゙あ゙あ゙あ゙ ペスがアア!!
余《よ》のかわいい ペスが…
噴水《ふんすい》の如《ごと》く 喀血《かっけつ》しておるでは ないかアア!!
長谷川《はせがわ》!! 無傷《むきず》で捕《とら》えよ と申《もう》したはずじゃぞ
どう責任《せきにん》を とってくれるか!!
国際問題《こくさいもんだい》じゃ これは!!
オイ 聞《き》いておるのか
シュボ
…背筋《せすじ》のばして 生《い》きる?

まるでガキの学級目標《がっきゅうもくひょう》じゃねーか
…そういやお袋《ふくろ》もよく言《い》ってたな
背中《せなか》まがってるぞ しゃんと立《た》てって…
…母《かあ》ちゃん
俺《おれ》…今《いま》… まっすぐ立《た》てているか？
今回《こんかい》の件《けん》は父上《ちちうえ》に報告《ほうこく》させてもらうぞよ長谷川《はせがわ》!!
……せーよ
な？
うるせーって言《い》ってんだ!!この ムツゴロー星人《せいじん》!!

ドシャッ
あ〜あ!!
いいのかな〜んな事《こと》して〜
しるかバカタレ
ここは侍《さむらい》の国《くに》だ好《す》き勝手《かって》させるかってんだ
でも　もう天人《あまんと》とり締《し》まれなくなりますね
間違《まちが》いなくリストラっスよ
え?
バカだな一時《いちじ》のテンションに身《み》を任《まか》せる奴《やつ》は身《み》を滅《ほろ》ぼすんだよ

空知《そらち》

の独《ひと》り言《ごと》①

夢《ゆめ》は樹《き》と似《に》てます
俺
眺《なが》めるより登《のぼ》った方《ほう》が楽《たの》しい
登《のぼ》って初《はじ》めてわかる事《こと》もあるし
ゼーハー
俺《おれ》って意外《いがい》と汗《あせ》かき

●週刊少年《しゅうかんしょうねん》ジャンプ・H14年《ねん》42号《ごう》に掲載《けいさい》。
“天下一漫画賞大募集《てんかいちまんがしょうだいぼしゅう》”のページにて一言《ひとこと》…。

第《だい》三訓《くん》　ジャンプは時々《ときどき》土曜日《どようび》に出《で》るから気《き》を付《つ》けろ

しまったァ
今日《きょう》ジャンプの発売日《はつばいび》じゃねーか
今週《こんしゅう》は土曜日《どようび》発売《はつばい》なの忘《わす》れてた
引《ひ》き返《かえ》すか
もういいでしょスキヤキの材料《ざいりょう》は買《か》ったんだから
まァ これもジャンプ卒業《そつぎょう》するいい機会《きかい》かもしれねェ
いい歳《とし》こいて少年《しょうねん》ジャンプってお前《まえ》…
いや でも男《おとこ》は死《し》ぬまで少年《しょうねん》だしな…
スンマセン 恥《は》ずかしい葛藤《かっとう》は心《こころ》の中《なか》でしてください

ばっ
!!
あぶね!!
キイイイイ
!

あ゛あ゛あ゛あ゛あ!!
ひいちゃったよ
ちょっとォォォ!!
どーすんスか コレ!!
アンタ よそ見《み》
してるから…
騒《さわ》ぐんじゃねーよ
とりあえずおちついて
タイムマシンを探《さが》せ
アンタが
おちつけエエエ!!
ガタ
ガタッ
CANS SHOP
缶
だ…大丈夫《だいじょうぶ》だよ
オメーよぉ
お目覚《めざ》めテレビの
星座占《せいざうらな》いじゃ
週末《しゅうまつ》の
俺《おれ》の運勢《うんせい》は
最高《さいこう》だった
きっと奇跡的《きせきてき》に
無傷《むきず》に違《ちが》いねェ
ぐい
なァ オイ
お嬢《じょう》……!!
ドロッ

ブロロロロロ
お目覚《めざ》めテレビいいいいいい!!
てめっ もう
二度《ど》と見《み》ねーからな
チクショー!!
いや でも
お天気《てんき》お姉《ねえ》さん
かわいいんだよな
オイ どーだよ
様子《ようす》は
ピクリとも
しないよ
早《はや》っく 医者《いしゃ》
連れてかなきゃ
?
カチャ
!!

ちょっ…
何《なに》イイイ!?
パン
パン
?
!!
ポロ
ポロ

ドドドドドド
ピ
ピシッ
ドオーン
フッ

お前《まえ》ら馬鹿《ばか》デスか？
私《わたし》…スクーターはねられた位《くらい》じゃ死《し》なないヨ
コレ奴《やつ》らに撃《う》たれた傷《きず》アル
もうふさがったネ
お前《まえ》ご飯《はん》にボンドでもかけて食《た》べてんの？
まア　いいや大丈夫《だいじょうぶ》そうだから俺《おれ》ら行《い》くわ
お大事《だいじ》に～
ブオーン
アレ？新八《しんぱち》お前《まえ》急《きゅう》に重《おも》くなっ⁉
ズガガガ

ヤクザに追《お》われる少女《しょうじょ》 見捨《みす》てる大人《おとな》見《み》たことないネ
ブォン
ああ 俺《おれ》 心《こころ》は少年《しょうねん》だからさァ
それに この国《くに》では 原《げん》チャリ片手《かたて》で止《と》める奴《やつ》を少女《しょうじょ》とは呼《よ》ばん
マウンテンゴリラと呼《よ》ぶ
ザッ
おっ いたぞォォ こっちだァァ!!
わっ
わっ
わっ
ガシャーン
ちょっ なんなの!? アイツら
ロリコン ヤクザ?
何《なに》? ポリゴン?

私《わし》…江戸《ここ》に来《き》たらマネーつかめる聞《き》いて
遠《とお》い星《ほし》からはるばる出稼《でかせ》ぎきたヨ
サラ サラ サラ サラ サラ サラ
私《わし》のウチめっさビンボー
三食《しょく》ふりかけご飯《はん》
せめて三食《しょく》卵《たまご》かけご飯《はん》食《た》べたいアル
いや あんま変《か》わんないんじゃ
そんなとき奴《やっ》ら誘《さそ》われた
ウチで働《はたら》いてくれたら三食《しょく》鮭茶《さけちゃ》漬《づ》け食《た》べれるよ
私《わし》それ聞《き》いてとびついたネ
なんでだよせめて三食《しょく》バラバラのもの食《た》べようよ
私《わし》地球人《ちきゅうじん》に比《くら》べてちょっぴ頑丈《がんじょう》
奴《やっ》らの喧嘩《けんか》ひき受《う》けた
鮭茶漬《さけちゃづ》け毎日《まいにち》サラサラ幸《しあわ》せだたヨ

バタ
でも最近《さいきん》仕事内容《しごとないよう》エスカレータ
バタ
バタ
いや エスカレートね
人《ひと》のキンタマまでとってこい言《い》われるようなったアル
いや キンタマじゃなくて命《タマ》ね 命《タマ》
私《わたし》もう嫌《いや》だヨ
江戸《えど》とても恐《こわ》い所《ところ》
故郷《くに》帰《かえ》りたい
バカだなオメー この国《くに》じゃよォ
バコ
パンチパーマの奴《やつ》と赤《あか》い服《ふく》を着《き》た女《おんな》の言《い》うことは信《しん》じちゃダメよ
まァ てめーで入《はい》りこんだ世界《せかい》だ
てめーでおとし前《まえ》つけるこったな
オイ ちょっと
ザザ…

バカですかァァ お前《まえ》ら!!
娘《むすめ》っこ一人《ひとり》連《つ》れ戻《もど》すのに 何《なに》手《て》こずってんの!?
それでも極道《ごくどう》か バカヤロォォ!!
それでも パンチパーマなのか コノヤロー!!
しかし 兄貴《あにき》ィ
相手《あいて》は あの夜兎族《やとぞく》 ですぜ
俺《おれ》らが束《たば》に なったって どーにも…
バカですかァ お前《まえ》は!!
だからこそ だろーが!!
あの怪物娘《かいぶつむすめ》 うまいこと使《つか》えば 我《われ》ら班池組《ぱんちぐみ》は 天下《てんか》とれっかも しれないんだぞ!?

奴《やつ》らの種族《しゅぞく》はもう絶滅《ぜつめつ》しかけてんだ
どれだけ希少価値《きしょうかち》があると思《おも》ってる
こっちの手《て》に戻《もど》ってこねーようならよォもう構《かま》わねェ
殺《バラ》せ
アレが他《ほか》の組織《そしき》に渡《わた》りゃとんでもねェ脅威《きょうい》になる
ピーン
利用価値《りようかち》のねェ大《おお》きな道具《どうぐ》は処分《しょぶん》した方《ほう》がいい
ガタ
ゴト
ゴミすてるな
かぶきちょう
ゴミすてるな
なんとかここまで来《こ》れた
周囲《しゅうい》にパンチパーマの影《かげ》はない？
ないネ大丈夫《だいじょうぶ》ヨ
ここから電車《でんしゃ》に乗《の》ればターミナルまですぐだ
故郷《くに》に帰《かえ》れるよ

それにしても アイツ…
本当《ほんとう》に帰《かえ》るなんて …薄情《はくじょう》な奴《やつ》だ
気《き》にしないネ 江戸《えど》の人《ひと》 皆《みな》そうアル
プィ
人《ひと》に無関心《むかんしん》 それ 利口《りこう》な 生《い》き方《かた》
お前《まえ》のよーな おせっかいの方《ほう》が 馬鹿《ばか》ネ
でも私《わたし》 そんな馬鹿《ばか》の方《ほう》が 好《す》きヨ
ボッ
お前《まえ》は 嫌《きら》いだけどな
私《わたし》 メガネ男《おとこ》 嫌《きら》いなんだよね
アレ？今《いま》 標準語《ひょうじゅんご》で 辛辣《しんらつ》な言葉《ことば》が 聞《き》こえたよーな
ゴッ
オイいい キャラ変《か》わってんぞ!!
んだよ もォ!! やってらんねーよ ここまでやったのに!!
!…… アレ？
ガッ
どーしたの？
ぬ… 抜《ぬ》けないアル
エ？ アレ？
かぶきちょう
ガタ
ガタ
ゴミ すてるな
ウソッ！ 僕《ぼく》まで…ウソッ!! ヤベッ…泣《な》きそっ

プルルルル
ヤバイ 電車《でんしゃ》もう出《で》る!!
もういい 転《ころ》がれ!!
ゴロ ゴロ
ゴロ ゴロ
ガッ
!?
オイオイ ダメだよ~
駆《か》け込《こ》み乗車《じょうしゃ》は危《あぶ》ないよ
残念《ざんねん》だったな 神楽《かぐら》ぁ
もうちょっとで逃《に》げれたのに
井上《いのうえ》…!

何《なに》も言《い》わずに逃《に》げちゃうなんてつれないねェ
キャー
バタバタ
あんなによくしてやったのに
金《かね》に困《こま》ってんじゃなかったの？
いいのかイ？ふりかけご飯《はん》の生活《せいかつ》に逆戻《ぎゃくもど》りだよ？
人《ひと》傷《きず》つけてお金《かね》もらうもう御免《ごめん》ヨ
何《なに》食《た》べてもおいしくないアル
いい汗《あせ》かいて働《はたら》くふりかけご飯《はん》もおいしくなるネ
戦《たたか》うしか能《のう》のない蛮族《ばんぞく》がいうじゃないか
ええ夜兎族《やとぞく》さんよ
夜兎族《やとぞく》？
おやおや何《なに》も知《し》らずにコイツに協力《きょうりょく》してたのかイ
おたくも名前《なまえ》くらい聞《き》いた事《こと》あるだろう？最強最悪《さいきょうさいあく》の傭兵部族《ようへいぶぞく》「夜兎《やと》」

姿形《すがたかたち》は人間《にんげん》と大差《たいさ》ないが驚異的《きょういてき》な戦闘力《せんとうりょく》を誇《ほこ》り
数多《あまた》の星《ほし》を潰《つぶ》してきたただ戦《いくさ》だけを嗜好《しこう》する戦闘民族《せんとうみんぞく》よ
お前《まえ》は隠《かく》していたようだが
その透《す》けるような肌《はだ》の色《いろ》と傘《かさ》が何《なに》よりの証拠《しょうこ》
奴《やつ》らは日《ひ》の光《ひかり》を嫌《きら》い常《つね》に日傘《ひがさ》を離《はな》さないというからな
薄《うす》っぺらい道義心《どうぎしん》で本能《ほんのう》を拒絶《きょぜつ》したところで
戦《たたか》うお前《まえ》は楽《たの》しそうだったぞ
お前《まえ》の本能《ほんのう》は血《ち》を求《もと》めてるんだよ神楽《かぐら》
違《ちが》うネ!!
私《わたし》は…
ドカッ
!!

ドシャッ
ぐふっ!!
戦《たたか》えない
お前《まえ》に価値《かち》はない
サイナラ
ちょっ…
ちょっと待《ま》てェ!!
おいぃぃぃ!!
駅員《えきいん》さん!!
プァー
!!
ウソぉぉぉ!!
漫画《まんが》みたいな
タイミングだ!!
ちょっ
助《たす》けてェ!!
ザッ
フン
あばよ
うわアアアア!!

ブロロロロロ
!!
ったく手間《てま》かけさせんじゃねーよ
銀《ぎん》さん!!
オォオオオォ
歯《は》アくいしばれっ!!
え!? ちょっ…待《ま》ってェェ!!

ぎいやぁああああああ!!

ゴガシャ
!!
なっ…なんだァァ!!
何《なに》がおきたァ!!
ザッ
私《わたし》 戦《たたか》うの 好《す》き
それ夜兎《やと》の本能《ほんのう》…否定《ひてい》しないアル
でも私《わたし》 これからは その夜兎《やと》の血《ち》と 戦《たたか》いたいネ
変《か》わるため 戦《たたか》うアル

このボケがァ!!
ずん
ずん
野郎《やろう》どもやっちまいな!!
アレ?
もう つきあってらんねェ!!アンタ一人《ひとり》でやってくれ!!
命《いのち》が幾《いく》つあっても足《た》りねーよ!!
あっ…お前《まえ》らそれでもパンチ…
パーマぁぁぁぁ!!
のりば

ぞり
ぞり
助《たす》けにくるならハナから付《つ》いてくればいいのに
ポト
ぞり
ぞり
便所
わけのわからない奴《やつ》ネ…シャイボーイか？
いや ジャンプ買《か》いにいくついでに気《き》になったからよ
死《し》ななくてよかったね〜
僕《ぼく》らの命《いのち》は二百《ひゃく》二十円《えん》にも及《およ》ばないんですか
おっ 電車《でんしゃ》きたぜ 早《はや》く行《い》け
プシュウウ
一物屋
そして二度《ど》と戻《もど》ってくるな災厄娘《さいやくむすめ》

うん
そうしたいのはやまやまアルが
よくよく考《かんが》えたら故郷《こきょう》に帰《かえ》るためのお金《かね》もってないネ
だからも少《すこ》し地球《ここ》残《のこ》って金《かね》ためたいアル
ということでお前《まえ》の所《ところ》でバイトさせてくれアル
じょっ…冗談《じょうだん》じゃねーよ!!なんでお前《まえ》みたいなバイオレンスな小娘《こむすめ》を…
ドゴ
ピシッ
なんか言《い》ったアルか?
言《い》ってません
こうして僕《ぼく》らの職場《しょくば》はまた賑《にぎ》やかになった

おかわりヨロシ？
第《だい》四訓《くん》
てめっ何杯目《なんばいめ》だと思《おも》ってんだ
ウチは定食屋《ていしょくや》じゃねーんだっつーの
ここは酒《さけ》と健全《けんぜん》なエロをたしなむ店《みせ》…親父《おやじ》の聖地《せいち》スナックなんだよ
そんなに飯食《めしく》いてーならファミレス行《い》ってお子様《こさま》ランチでも頼《たの》みな!!

ちゃらついた オカズに興味《きょうみ》ない たくあんでヨロシ
食《く》う割《わり》には 嗜好《しこう》が地味《じみ》だな オイ
5合《ごう》か… まだまだ これからですね
げっそり
もう ウチには 砂糖《さとう》と塩《しお》しか ねーもんな
ちょっとォ!! 銀時《ぎんとき》!! 何《なん》だいこの娘《こ》!!
もう5合《ごう》も 飯《めし》食《た》べてるよ!! どこの娘《むすめ》だい!!
なんなんだい アイツら あんなに 憔悴《しょうすい》しちまって…
むが
もご
ん?
って オイいいい!! まだ食《く》うんかいィィ!!
スナック お登勢
営業中
ちょっと 誰《だれ》か 止《と》めてエエエ!!

第《だい》四訓《くん》　第《だい》一《いち》印象《いんしょう》がいい奴《やつ》に ロクな奴《やつ》はいない

ヘェ～ じゃあ あの娘《こ》も 出稼《でかせ》ぎで地球《ここ》に
金欠《きんけつ》で故郷《こきょう》に 帰《かえ》れなくなったところを アンタが預《あず》かったわけ…
バカだねぇ アンタも 家賃《やちん》もロクに払《はら》えない 身分《みぶん》のクセに
あんな大食《おおぐ》い どうすんだい？ 言《い》っとくけど 家賃《やちん》はまけねぇよ
オレだって 好《す》きで置《お》いてる 訳《わけ》じゃねぇよ あんな胃拡張娘《いかくちょうむすめ》
ガシャーン
なんか言《い》った アルか？
言《い》ってません
いだだだだ
アノ 大丈夫《だいじょうぶ》デスカ？

コレデ頭冷《あたまひ》ヤストイイデスヨ
あら？初《はじ》めて見《み》る顔《かお》だな新入《しんい》り？
ハイ 今週《コンシュウ》カラ働《ハタラ》カセテイタダイテマス
キャサリン言《イ》イマス
キャサリンも出稼《でかせ》ぎで地球《ここ》に来《き》たクチでねェ
実家《じっか》に仕送《しおく》りするため頑張《がんば》ってんだ
たいしたもんだ どっかの誰《だれ》かなんて己《おのれ》の食欲《しょくよく》を満《み》たすためだけに…
ガシャン
ガララ
福
なんか言《い》ったアルか？
言《い》ってません
すんませーん

あの こーゆもん なんだけど
ちょっと 捜査《そうさ》に協力《きょうりょく》して もらえない？
なんか あったんですか
うん ちょっとね
このへんでさァ 店《みせ》の売《う》り上《あ》げ 持《も》ち逃《に》げされる 事件《じけん》が多発《たはつ》しててね
なんでも犯人《はんにん》は 不法入国《ふほうにゅうこく》してきた 天人《あまんと》 らしいんだが
この辺《へん》はそーゆー 労働者《ろうどうしゃ》多《おお》いだろ なんか知《し》らない？
知《し》ってますよ 犯人《はんにん》はコイツです
ボキッ

おまっ…お前《まえ》何《なに》さらしてくれとんじゃァァ!!
下《くだ》らない冗談《じょうだん》嫌《きら》いネ
てめェ故郷《こきょう》に帰《かえ》りたいって言《い》ってたろーが!!この際《さい》強制送還《きょうせいそうかん》でもいいだろ!!
そんな不名誉《ふめいよ》な帰国《きこく》御免《ごめん》こうむるネ
いざとなれば船《ふね》にしがみついて帰《かえ》る
こっち来《く》る時《とき》も成功《せいこう》したなんとかなるネ
ゴゴゴ
不名誉《ふめいよ》どころかお前《まえ》ただの犯罪者《はんざいしゃ》じゃねーか
ブォン
ブォン
ブォン
!?
…なんか大丈夫《だいじょうぶ》そーね
ギャーギャー
ああもう帰《かえ》っとくれ
ウチはそんな悪《わる》い娘《むすめ》雇《やと》ってな…
ブォン
ブォン

ブロロロ
アバヨ
腐《クサ》レババア
キャ…キャサリン!!
まさかキャサリンが…
お登《と》勢《せ》さん 店《みせ》の金《かね》 レジごとなくなってますよ!!
あれ 俺《おれ》の原《げん》チャリもねーじゃねーか
あ…そういえば私《わたし》の傘《かさ》もないヨ
バーカ

あんのブス女《あま》アアアアアア!!
んがぁ
血祭《ちまつ》りじゃアアアア!!
バーン
ガチャ
ちょっ…何《なに》やってんの⁉どこいくの⁉
ブロロロ
おいイイイちょっと待《ま》ってエエ!!
それ 俺達《おれたち》の車《くるま》なんすけど!!
ゴオォォオ
ちょっとオオオ!!
おいいっちゃったよオ!!
どーすんの⁉

ゴオオォオオ
ねェ！
とりあえず
おちつこうよ
二人《ふたり》とも
僕《ぼく》らの
出《で》る幕《まく》じゃ
ないですってコレ
たかが原《げん》チャリや傘《かさ》で
そんなにムキにならんでも
いいでしょ
新八《しんぱち》 俺《おれ》ぁ
原《げん》チャリなんて
ホントは
どーでもいいんだ
！
そんなことよりなァ
シートに昨日《きのう》借《か》りた
ビデオ入《い》れっぱなし
なんだ
このままじゃ
延滞料金《えんたいりょうきん》が
とんでもない事《こと》になる
どうしよう
アンタの
行《ゆ》く末《すえ》が
どうしようだよ!!

延滞料金《えんたいりょうきん》なんて心配《しんぱい》いらないネ
もうすぐレジの金《かね》がまるまる手《て》に入《はい》るんだから
お前《まえ》は　その キレイな瞳《ひとみ》のどこに汚《きたな》い心隠《こころかく》してんだ!!
そもそも神楽《かぐら》ちゃん免許《めんきょ》もってんの! なんか普通《ふつう》に運転《うんてん》してるけど
人《ひと》はねるのに免許《めんきょ》なんて必要《ひつよう》ないアル
オイいいい!! ぶつけるつもりかァァ!!
お前《まえ》 勘弁《かんべん》しろよ ビデオ粉々《こなごな》になるだろーが
ビデオから頭離《あたまはな》せ!!
!
あっ 路地入《ろじはい》りやがったぞアイツ!!

ほァちゃあああああ!!
ドコ
バキ
ズコ
メキャ
オイオイオイオイ
なんか もう
キャサリンより悪《わる》い事《こと》
してんじゃないの僕《ぼく》ら!!
ズゴゴゴゴ
死《し》ねェエエアル
キャサルイィイン!!

ボン
あれ？
あれエエエエエ!!
ドゴーン

プシュウウウウ
そこまでだよ キャサリン!!
残念《ざんねん》だよ
あたしゃ アンタのこと嫌《きら》いじゃ なかったんだけどねェ

でも ありゃあ
ギシ
偽《いつわ》りの姿《すがた》だったんだねェ
家族《かぞく》のために働《はたら》いてるっていうアレ
アレもウソかい
…お登勢《トセ》サン…アナタ馬鹿《バカ》ネ
世話《セワ》好《ズ》キ結構《ケッコウ》
デモ度《ド》ガ過《ス》ギル
私《ワタシ》ノヨウナ奴《ヤツ》ニツケコマレルネ
こいつは性分《しょうぶん》さねもう直《なお》らんよ
でも おかげで面白《おもしろ》い連中《れんちゅう》とも会《あ》えたがねェ
ある男《おとこ》はこうさ
ありゃ雪《ゆき》の降《ふ》った寒《さむ》い日《ひ》だったねェ

あたしゃ気《き》まぐれに旦那《だんな》の墓参《はかまい》りに出《で》かけたんだ
お供《そな》え物《もの》置《お》いて立《た》ち去《さ》ろうとしたら
墓石《はかいし》が口《くち》ききやがったんだ
寺田家之墓
オーイババー
之墓
それまんじゅうか?
食《た》べていい? 腹減《はらへ》って死《し》にそうなんだ
こりゃ 私《わたし》の旦那《だんな》のもんだ旦那《だんな》に聞《き》きな
そう言《い》ったら間髪《かんぱつ》いれずそいつはまんじゅう食《く》い始《はじ》めた

なんつってた？私《わたし》の旦那《だんな》
そう聞《き》いたらそいつ何《なん》て答《こた》えたと思《おも》う
死人《しにん》が口《くち》きくかって
だから一方的《いっぽうてき》に約束《やくそく》してきたって言《い》うんだ
この恩《おん》は忘《わす》れねェ
アンタのバーさん…老《お》い先短《さきみじか》い命《いのち》だろうが

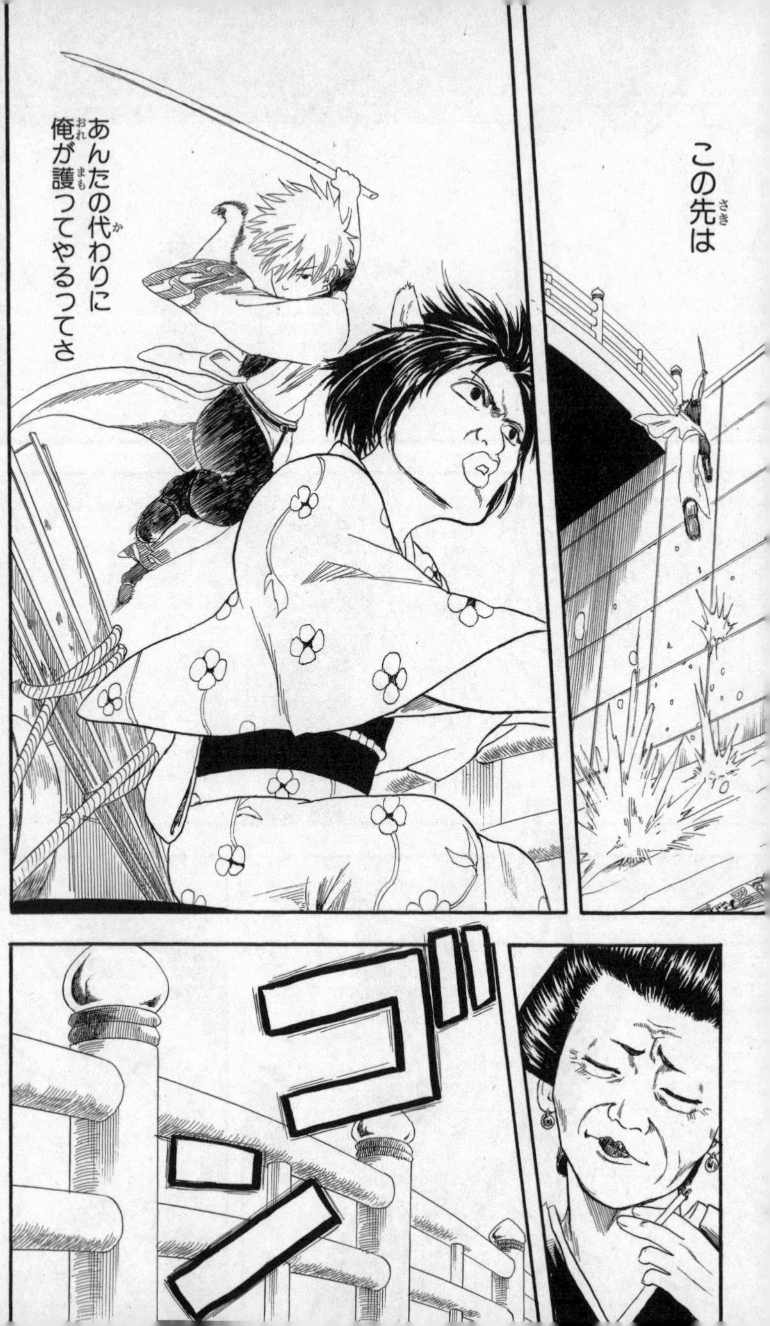
この先《さき》は
あんたの代《か》わりに俺《おれ》が護《まも》ってやるってさ
ゴン

仕事《しごと》くれてやった恩《おん》を仇《あだ》で返《かえ》すたァよ
仁義《じんぎ》を解《かい》さない奴《やつ》ってのは男《おとこ》も女《おんな》もみにくいねェ ババァ
家賃《やちん》を払《はら》わずに人《ひと》ん家《ち》の二階《かい》に住《す》みついてる奴《やつ》はみにくくないのかィ?
ババァ 人間《にんげん》なんてみんなみにくい生《い》き物《もの》さ
言《い》ってることメチャクチャだよアンタ!
まァ いいさ 今日《きょう》は世話《せわ》んなったからね
今月《こんげつ》の家賃《やちん》くらいはチャラにしてやるよ
マジでか? ありがとうババァ 再来月《さらいげつ》は必《かなら》ず払《はら》うから
なに さりげなく来月《らいげつ》スッ飛《と》ばしてんだ!!

空知《そらち》  の独《ひと》り言《ごと》②

つけペン使《つか》うの めんどくせーよ 背景《はいけい》描《か》くのも めんどくせーし
ホント めんどくせーな 漫画《まんが》描《か》くのって
っていうか もう生《い》きることが めんどくさい
チーズ蒸《む》しパンになりたい

●週刊少年《しゅうかんしょうねん》ジャンプ・H16年《ねん》4-5合併号《がっぺいごう》に掲載《けいさい》。
「はじめて投稿《とうこう》した時《とき》はどうでしたか?」の問《と》いに一言《ひとこと》…。

俺《おれ》が以前《いぜん》から
買《か》いだめていた
大量《たいりょう》のチョコが
姿《すがた》を消《け》した
食《た》べた奴《やつ》は
正直《しょうじき》に手《て》ェ挙《あ》げろ
今《いま》なら¾殺《ごろ》しで
許《ゆる》してやる
第《だい》五訓《くん》
¾って
ほとんど
死《し》んでんじゃ
ないスか
っていうか
アンタ いい加減《かげん》に
しないと ホント
糖尿《とうにょう》になりますよ
またも
狙《ねら》われた
大使館《たいしかん》
連続爆破《れんぞくばくは》テロ
凶行続《きょうこうつづ》く…

物騒《ぶっそう》な世《よ》の中《なか》アルな～
私恐《わたしこわ》いヨ パピー マミー
だら だら
大江戸新聞
恐《こわ》いのはオメーだよ 幸《しあわ》せそーに 鼻血《はなぢ》たらしやがって
うまかったか 俺《おれ》のチョコは？
ガッ
チョコ食《た》べて 鼻血《はなぢ》なんて そんなベタな～
!?
とぼけんなァァ!! 鼻血《はなぢ》から糖分《とうぶん》の匂《にお》いがプンプンすんぞ!!
バカ言《い》うな ちょっと鼻《はな》クソ 深追《ふかお》いしただけヨ
年頃《としごろ》の娘《むすめ》がそんなに 深追《ふかお》いするわけねーだろ 定年間際《ていねんまぎわ》の刑事《デカ》か お前《まえ》は!!
喩《たと》えがわかんねーよ!! っていうかおちつけ!!

酒処
なんだなんだ
オイ
万事屋銀ちゃん
ザワ
ザワ

事故《じこ》か…
第《だい》五訓《くん》
ジジイになっても
あだ名《な》で呼《よ》び合《あ》える
友《と》達《もだち》を作《つく》れ

くらあああああ!!
お登勢
ワレエエエエ!!人《ひと》の店《みせ》に何《なに》してくれとんじゃアア!!
死《し》ぬ覚悟《かくご》できてんだろーな!!
ス…スンマセン
昨日《きのう》からあんまり寝《ね》てなかったもんで
よっしゃ!!今《いま》永遠《えいえん》に眠《ねむ》らしたらァア!!
お登勢《とせ》さん怪我人《けがにん》相手《あいて》にそんな!!
…こりゃひどいや
神楽《かぐら》ちゃん救急車《きゅうきゅうしゃ》呼《よ》んで
救急車《きゅうきゅうしゃ》ャャァアア!!
誰《だれ》がそんな原始的《げんしてき》な呼《よ》び方《かた》しろっつったよ

ヤサッ
飛《ひ》脚《きゃく》かアンタ
届《とど》け物《もの》エライことになってんぞ
こ…これ…
これを…俺《おれ》の代《か》わりに
届《とど》けてください……お願《ねが》い
なんか大事《だいじ》な届《とど》け物《もの》らしくて
届《とど》け損《そこ》なったら俺《おれ》…クビになっちゃうかも
お願《ねが》いしまっ…
ガクッ
おいっ!!

ここであってんだよな
大使館《たいしかん》…これ戌威星《いぬいせい》の大使館《たいしかん》ですよ
うん
戌威族《いぬいぞく》っていったら地球《ちきゅう》に最初《さいしょ》に来《き》た天人《あまんと》ですよね
ああ江戸城《えどじょう》に大砲《たいほう》ブチ込《こ》んで無理矢理《むりやり》開国《かいこく》しちまったおっかねー奴《やつ》らだよ
嫌《いや》なトコ来《き》ちゃったなオイ
オイ
？

ぬっ
こんな所《とこ》で何《なに》やってんだてめーら
食《く》われてーのかああ?
いや…僕《ぼく》ら届《とど》け物《もの》頼《たの》まれただけで
オラ 神楽《かぐら》 早《はや》く渡《わた》…
チッチッチッおいでワンちゃん酢昆布《すこんぶ》あげるヨ
パス
届《とど》け物《もの》がくるなんて話《はなし》きいてねーな
最近《さいきん》は ただでさえ爆弾《ばくだん》テロ警戒《けいかい》して厳戒体制《げんかいたいせい》なんだ帰《かえ》れ
ドッグフードかもしんねーぞもらっとけって
パシ
そんなもん食《く》うか
あ
トン

ドカン
ガラガラ
バラバラ
ガシャアーン
…なんかよくわかんねーけど
するべきことはよくわかるよ

逃《に》げろォォ!!
ダッ
待《ま》てェェ テロリストォォ!!
カッ
!!
ガッ
ガッ
!!
!!
新八《しんぱち》ィィィ!! てめっ どーゆーつもりだ 離《はな》しやがれっ
嫌《いや》だ!! 一人《ひとり》で捕《つか》まるのは!!
俺《おれ》のことは構《かま》わず 行《い》け…とか 言《い》えねーのかお前《まえ》
私《わたし》に構《かま》わず 逝《い》って二人《ふたり》とも
ふざけんな お前《まえ》も道連《みちづ》れだ
プルプル
プルプル

ワッ
ぬわぁぁぁ!!
ワン公《こう》一杯《いっぱい》来《き》たァァ!!
ワァァァ
チャキ
手《て》間《ま》のかかる奴《やつ》だ
ダッ
ガッ
!!

ガッ
ゴッ
ぼっ!!
ばっ!!
ガッ
ぶっ!!
ゴッ
げヴ!!
ザッ
!!
しゃらん
逃《に》げるぞ銀時《ぎんとき》

おまっ…
ヅラ小太郎《こたろう》か⁉
ゴッ
ヅラじゃない 桂《かつら》だァア‼
ぶふォ‼
てっ…てめっ 久《ひさ》しぶりに 会《あ》ったのにアッパーカットは ないんじゃないの⁉
そのニックネームで 呼《よ》ぶのは止《や》めろと 何度《なんど》も言《い》ったはずだ‼
つーか お前《まえ》 なんでこんな所《ところ》に…
ワッ
‼
話《はなし》は後《あと》だ 銀時《ぎんとき》
行《い》くぞ‼
チッ

バタ
バタ
まてコラァァ
とうとう尻尾《しっぽ》出《だ》しやがった
山崎《やまざき》何《なん》としても奴《やつ》らの拠点《きょてん》おさえてこい
はいよっ
天人《あまんと》との戦《いくさ》で活躍《かつやく》したかつての英雄《えいゆう》も
桂 小太郎
攘夷派 過激浪士
この顔に ピン!!!! …と来たら 110番
大江戸
天人様様《あまんとさまさま》の今《いま》の世《よ》の中《なか》じゃただの反乱分《はんらんぶん》子《し》か

この御時世《ごじせい》に
天人《あまんと》追《お》い払《はら》おう
なんざ
クシャ
たいした
夢想家《むそうか》だよ
オイ
トッ
沖田《おきた》起《お》きろ
ムクッ
お前《まえ》よく
あの爆音《ばくおん》の中《なか》
寝《ね》てられるな
爆音《ばくおん》って…また
テロ防《ふせ》げなかったん
ですかィ?
何《なに》やってんだィ
土方《ひじかた》さん
真面目《まじめ》に働《はたら》けよ
もう一回《かい》
眠《ねむ》るか コラ
天人《あまんと》の館《やかた》が
いくらフッ飛《と》ぼうが
しったこっちゃねェよ
連中泳《れんちゅうおよ》がして
雁首《がんくび》揃《そろ》ったところを
まとめて叩《たた》き斬《き》ってやる

真選組《しんせんぐみ》の晴《は》れ舞台《ぶたい》だぜ
楽《たの》しい喧嘩《けんか》になりそうだ
HOTEL IKEDAYA
──に続《つづ》き今回《こんかい》卑劣《ひれつ》なテロに狙《ねら》われた戌威星《いぬいせい》大使館《たいしかん》
幸《さいわ》い死傷者《ししょうしゃ》は出《で》ていませんが…え…あっ新《あたら》しい情報《じょうほう》が入《はい》りました
入禁止 立入禁止 立入禁止
監視《かんし》カメラにテロリストと思《おも》われる一味《いちみ》が映《うつ》っているとの…
あ〜〜バッチリ映《うつ》ってますね〜

バッチリ映《うつ》っちゃってますよ
どーしよ姉上《あねうえ》に殺《ころ》される
テレビ出演《しゅつえん》
実家《じっか》に電話《でんわ》しなきゃ
何《なに》かの陰謀《いんぼう》ですかね こりゃ
なんで僕《ぼく》らがこんな目《め》に
唯一《ゆいいつ》 桂《かつら》さんに会《あ》えたのが不幸中《ふこうちゅう》の幸《さいわ》いでしたよ
こんな状態《じょうたい》の僕《ぼく》らかくまってくれるなんて
銀《ぎん》さん知《し》り合《あ》いなんですよね？一体《いったい》どーゆー人《ひと》なんですか？
んーテロリスト
はイ⁉
そんな言《い》い方《かた》は止《よ》せ

この国《くに》を汚《けが》す
害虫《がいちゅう》"天人《あまんと》"を
討《う》ち払《はら》い
もう一度《ど》
侍《さむらい》の国《くに》を
立《た》て直《なお》す
ザシッ
我々《われわれ》が行《おこな》うは
国《くに》を護《まも》るがための
攘夷《じょうい》だ
卑劣《ひれつ》なテロなどと
一緒《いっしょ》にするな
攘夷志士《じょういしし》
だって!?
なんじゃそらヨ
バリ
ドリ
攘夷《じょうい》とは二十年前《ねんまえ》の
天人襲来《あまんとしゅうらい》の時《とき》に起《お》きた
外来人《がいらいじん》を排《はい》そうとする
思想《しそう》で
高圧的《こうあつてき》に開国《かいこく》を
迫《せま》ってきた天人《あまんと》に
危機感《ききかん》を感《かん》じた侍《さむらい》は
彼《かれ》らを江戸《えど》から
追《お》い払《はら》おうと一斉蜂起《いっせいほうき》
して戦《たたか》ったんだ

でも天人《あまんと》の強大《きょうだい》な力《ちから》を見《み》て弱腰《よわごし》になっていた幕府《ばくふ》は
侍達《さむらいたち》を置《お》き去《ざ》りに勝手《かって》に天人《あまんと》と不平等《ふびょうどう》な条約《じょうやく》を締結《ていけつ》
幕府《ばくふ》の中枢《ちゅうすう》を握《にぎ》った天人《あまんと》は侍達《さむらいたち》から刀《かたな》を奪《うば》い彼等《かれら》を無力化《むりょくか》したんだ
その後《ご》 主《おも》だった攘夷志士《じょういしし》は大量《たいりょう》粛清《しゅくせい》されたってきいたけど…
まだ残《のこ》ってたなんて
…どうやら俺達《おれたち》ァ踊《おど》らされたらしいな
?
なァ オイ
飛脚《ひきゃく》の兄《あん》ちゃんよ
あっ ほんとネ!! あのゲジゲジ眉《まゆ》デジャヴ
ちょっ…どーゆー事《こと》っスかゲジゲジさん!!

全部《ぜんぶ》てめーの仕業《しわざ》か 桂《かつら》
最近《さいきん》世《よ》を騒《さわ》がすテロも
今回《こんかい》のことも
チャカ
たとえ汚《きたな》い手《て》を使《つか》おうとも手《て》に入《い》れたいものがあったのさ
……銀時《ぎんとき》 この腐《くさ》った国《くに》を立《た》て直《なお》すため
再《ふたた》び俺《おれ》と共《とも》に剣《けん》をとらんか
白夜叉《しろやしゃ》と恐《おそ》れられたお前《まえ》の力《ちから》再《ふた》び貸《か》してくれ

第《だい》六訓《くん》
……これまでか
敵《てき》の手《て》にかかるより
最後《さいご》は武士《ぶし》らしく潔《いさぎよ》く腹《はら》を切《き》ろう
バカ言《い》ってんじゃねーよ立《た》て
美《うつく》しく最後《さいご》を飾《かざ》りつける暇《ひま》があるなら
最後《さいご》まで美《うつく》しく生《い》きようじゃねーか
その男《おとこ》銀色《ぎんいろ》の髪《かみ》に血《ち》を浴《あ》び

行《い》くぜ ヅラ
ヅラじゃない 桂《かつら》だ
戦場《せんじょう》を駆《か》る姿《すがた》は
まさしく夜叉《やしゃ》
第《だい》六訓《くん》
お前《まえ》らテロなんてやってる暇《ひま》があるなら
ペロの散歩《さんぽ》にでも行《い》ってきな

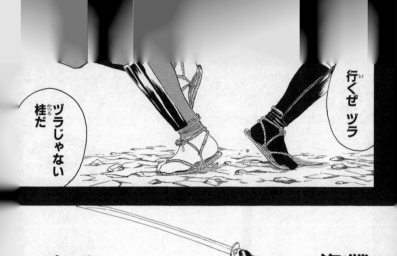

天人《あまんと》との戦《いくさ》において 鬼神《きしん》の如《ごと》き働《はたら》きを やってのけ
敵《てき》はおろか 味方《みかた》からも恐《おそ》れられた 武神《ぶしん》…
坂田銀時《さかたぎんとき》
我等《われら》と共《とも》に 再《ふたた》び天人《あまんと》と戦《たたか》おう ではないか
……銀《ぎん》さん アンタ
攘夷戦争《じょういせんそう》に 参加《さんか》してたんですか
戦《いくさ》が終《お》わると共《とも》に 姿《すがた》を消《け》したがな
お前《まえ》の考《かんが》える事《こと》は 昔《むかし》からよく分《わ》からん
俺《おれ》ァ 派手《はで》な 喧嘩《けんか》は好《す》きだが
テロだのなんだの 陰気《いんき》くせーのは 嫌《きら》いなの

俺達《おれたち》の戦《いくさ》はもう終《お》わったんだよ
それをいつまでもネチネチネチネチ京都《きょうと》の女《おんな》かお前《まえ》は！
バカか貴様《きさま》は！京女《きょうおんな》だけでなく女子《おなご》はみんなネチネチしている
そういう全《すべ》てを含《ふく》めて包《つつ》みこむ度量《どりょう》がないから貴様《きさま》はもてないんだ
バカヤロー　俺《おれ》がもし天然《てんねん》パーマじゃなかったらモテモテだぞ多分《たぶん》
何《なん》でも天然《てんねん》パーマのせいにして自己《じこ》を保《たも》っているのか哀《かな》しい男《おとこ》だ
哀《かな》しくなんかないわ人《ひと》はコンプレックスをバネにしてより高《たか》みを…
アンタら　何《なん》の話《はなし》してんの!!
俺達《おれたち》の戦《いくさ》はまだ終《お》わってなどいない
貴様《きさま》の中《なか》にとてまだ残《のこ》っていよう銀時《ぎんとき》…

国《くに》を憂《うれ》い共《とも》に戦《たたか》った 同志達《なかまたち》の命《いのち》を 奪《うば》っていった
幕府《ばくふ》と天人《あまんと》に 対《たい》する怨嗟《えんさ》の 念《ねん》が…
天人《あまんと》を掃討《そうとう》し この腐《くさ》った国《くに》を 立《た》て直《なお》す
我等《われら》生《い》き残《のこ》った者《もの》が 死《し》んでいった奴等《やつら》に してやれるのは それぐらいだろう
我等《われら》の次《つぎ》なる 攘夷《じょうい》の標的《ひょうてき》は ターミナル
天人《あまんと》を召喚《しょうかん》する あの忌《い》まわしき塔《とう》を 破壊《はかい》し 奴等《やつら》を 江戸《えど》から殲滅《せんめつ》する
だがアレは 世界《せかい》の要《かなめ》… 容易《ようい》にはおちまい
お前《まえ》の力《ちから》がいる 銀時《ぎんとき》

既《すで》に我等《われら》に加担《かたん》したお前《まえ》に断《ことわ》る道《みち》はないぞ
テロリストとして処断《しょだん》されたくなくば俺《おれ》と来《こ》い
迷《まよ》う事《こと》はなかろう元々《もともと》お前《まえ》の居場所《いばしょ》はここだったはずだ
銀《ぎん》さん…
!!

御用《ごよう》改《あらた》めである
神妙《しんみょう》にしろ
テロリストども
しっ…
真選組《しんせんぐみ》だァっ!!
イカン
逃《に》げろォ!!

一人残《ひとりのこ》らず
討《う》ちとれェェ!!
ななな
なんなんですか
あの人《ひと》ら!?
武《ぶ》装警察《そうけいさつ》
「真選組《しんせんぐみ》」
反乱分子《はんらんぶんし》を
即時処分《そくじしょぶん》する
対《たい》テロ用特殊部隊《ようとくしゅぶたい》だ

厄介《やっかい》なのに
つかまったな
どうしますボス?
だーれがボスだ!!
お前《まえ》が一番《ばん》
厄介《やっかい》なんだよ!!
ヅラ
ボスなら私《わたし》に
任《まか》せるヨロシ
善行《ぜんこう》でも悪行《あくぎょう》でも
やるからには
大将《たいしょう》やるのが
私《わたし》のモットーよ
オメーは黙《だま》ってろ!!
何《なに》その戦国大名《せんごくだいみょう》
みてーなモットー!
オイ
ズガン
ぬを!!

逃《に》げるこたァねーだろ
せっかくの喧嘩《けんか》だ楽《たの》しもうや
オイオイおめーホントに役人《やくにん》か
よく面接通《めんせつとお》ったな瞳孔《どうこう》が開《ひら》いてんぞ
人《ひと》のこと言《い》えた義理《ぎり》かてめー！死《し》んだ魚《さかな》のよーな瞳《め》ェしやがって
いいんだよいざという時《とき》はキラめくから
！
土方《ひじかた》さん危《あぶ》ないですぜ
うおわァァァア!!

パラ
パラ
生《い》きてやすか 土方《ひじかた》さん
チッ しくじったか
バカヤロー おっ死《ち》ぬところだったぜ
しくじったって何《なん》だ!! オイッ!こっち見《み》ろ オイッ!!
副長《ふくちょう》 ここです
オイッ 出《で》てきやがれ!
髪《かみ》増《ふ》えてない?
無駄《むだ》な抵抗《ていこう》は 止《や》めな!
ここは十五階《かい》だ
逃《に》げ場《ば》なんて どこにもないんだよ

？
そりゃ何《なん》のまねだ
時限爆弾《じげんばくだん》だ
ターミナル爆破《ばくは》のために用意《ようい》していたんだが仕方《しかた》あるまい
コイツを奴等《やつら》におみまいする…そのスキに皆《みな》逃げろ
ガッ
!!
ゴト
貴様《きさま》ァ桂《かつら》さんに何《なに》をするかァァ!!
……桂《かつら》ァ
もう しまいにしよーや
心
てめーがどんだけ手《て》ェ汚《よご》そうと
死《し》んでった仲間《なかま》は喜《よろこ》ばねーし時代《じだい》も変《か》わらねェ
これ以上《いじょう》うす汚《よご》れんな

うす汚《よご》れたのは貴様《きさま》だ 銀時《ぎんとき》
時代《じだい》が変《か》わると共《とも》に ふわふわと変節《へんせつ》しおって
武士《ぶし》たるもの己《おのれ》の信《しん》じた一念《いちねん》を貫《つらぬ》き通《とお》すものだ
お膳立《ぜんだ》てされた武士道《ぶしどう》貫《つらぬ》いてどーするよ
そんなもんのためにまた大事《だいじ》な仲間《なかま》失《うしな》うつもりか
俺《おれ》ァ もうそんなの御免《ごめん》だ
どうせ命張《いのちは》るなら俺《おれ》は俺《おれ》の武士道《ぶしどう》貫《つらぬ》く
俺《おれ》の美《うつく》しいと思《おも》った生《い》き方《かた》をし俺《おれ》の護《まも》りてェもん護《まも》る
銀《ぎん》ちゃん
？
コレ…いじくってたら
スイッチ押《お》しちゃったヨ

オーイ 出《で》てこーい
マジで 撃《う》っちゃうぞ〜
土方《ひじかた》さん夕方《ゆうがた》のドラマの再放送《さいほうそう》始《はじ》まっちゃいますぜ
やべェ ビデオ 予約《よやく》すんの忘《わす》れてた
さっさと済《す》まそう 発射用意《はっしゃようい》!!
!!
ゴオオ

ドドドドドドド
なっ…何《なに》やってんだ
止《と》めろォォ!!
!!
止《と》めるなら
この爆弾《ばくだん》
止《と》めてくれェ!!
00:10
爆弾処理班《ばくだんしょりはん》とかさ…
なんか いるだろオイ!!
おわァァァ
爆弾《ばくだん》もってんぞ
コイツ
ちょっ 待《ま》て
オイいいい!!
ヷ!

げっ!!
あと6秒《びょう》しかねェ!!
銀《ぎん》さん 窓《まど》窓《まど》!!
無理《むり》!! もう死《し》ぬ!!
ザッ
銀《ぎん》ちゃん 歯《は》ァくいしばるネ
!
ほあちゃアアアアア!!
ギャイイーン

ぬわアアアアア!!
ピッ
03
ゴッパーン
ふんぐっ!!
バッ
01
00

ドバァン
ぎっ…銀《ぎん》さーん!!
銀《ぎん》ちゃんさよ〜なら〜〜!!

美《うつく》しく最後《さいご》を飾《かざ》りつける暇《ひま》があるなら
最後《さいご》まで美《うつく》しく生《い》きようじゃねーか
フン
美《うつく》しい生《い》き方《かた》だと?
催中!!
全館一斉冬市
アレのどこが美《うつく》しいんだか
…だが昔《むかし》の友人《ゆうじん》が変《か》わらずにいるというのも
悪《わる》くないものだな…
1天然パーマに悪い奴はいない(完)

だんでらいおん

デビュー作です。
読み切りの分際で
やたら人気が根強く
今だに手紙が
きたり
中学生に演劇
にしてもらったり
大変幸せな
作品でございます
僕も好きなんで
機会があれば
ぜひまた描きたいと
思っております。

読切作品《よみきりさくひん》『だんでらいおん』

昔《むかし》どっかの坊主《ぼうず》が言《い》った
この世《よ》は苦界《くがい》だ
極楽《ごくらく》はあの世《よ》にある
仏《ほとけ》にすがれ念仏唱《ねんぶつとな》えろ
切符《きっぷ》はここにあるぞ
そいつを手《て》にこっちへやって来《き》た連中《れんちゅう》に俺《おれ》は言《い》った
極楽浄土《ごくらくじょうど》?そりゃあんたらが今《いま》までいた世界《せかい》さ
古書買
一番街
中華そば
悟空軒
仙京
苦《くる》しかった?そりゃあんたらが念仏《ねんぶつ》ばかり唱《とな》えていたからさ
こらあああ!!
待《ま》てっつーのに!

だんでらいおん
坊主《ぼうず》の妄想《もうそう》に振《ふ》り回《まわ》されるくらいなら自分《じぶん》の夢《ゆめ》にでも振《ふ》り回《まわ》されりゃよかったんだ
ここじゃ俺達《おれたち》天使《てんし》に追《お》い回《まわ》されるぐらいが関《せき》の山《やま》極楽《ごくらく》なんざ程遠《ほどとお》い…って
たんぽぽ組
44-10

おいジーさんよォ!!
もういい加減《かげん》諦《あきら》めて成仏《じょうぶつ》せぇや!!
いつまでもタラタラ未練《みれん》ひきずりやがって
言《い》っとくけどなぁ しつけー男《おとこ》はあの世《よ》でもモテねーぞ
やかましい このチンピラ天使《てんし》が!!
わしゃしつこさでバーさんゲットしたんじゃ! なめんなよコラァ!!
過去《かこ》なんて生者《せいじゃ》も死人《しにん》もひきずるもんじゃない 動《うご》けなくなるだけだ
ここにはそうして娑婆《しゃば》から動《うご》けなくなった者《もの》が溢《あふ》れてる 俺達《おれたち》はそれをどかす掃除《そうじ》屋ってわけだ

くそだらぁぁ
ちなみに俺《おれ》は 日本《にほん》天使《てんし》連盟《れんめい》 送迎部《そうげいぶ》第《だい》21班《ばん》 たんぽぽ組《ぐみ》の 丹波《たんば》鉄男《てつお》
こら テツ
あん!?
もっと気張《きば》って 漕《こ》がんかー
こげんスピードじゃ 振《ふ》り切られて しまうぞ
こいつは我《わ》が たんぽぽ組班長《ぐみはんちょう》 黒鉄美咲《くろがねみさき》
後《うし》ろであんパン しけこんでる奴《やつ》が よく言《い》うわ!
一体《いったい》なんの ために乗《の》って んだ あんた!
風《かぜ》ば感《かん》じたいけー
暴走族《ぼうそうぞく》入《はい》れ!
一見《いっけん》ただのガキだが 亡靈宮本武蔵《ぼうれいみやもとむさし》を 葬《ほうむ》ったほどの力《ちから》を もつ猛者《もさ》だ
霊魂《れいこん》の念力《ねんりき》に 自転車《じてんしゃ》が敵《かな》うかよ
だから車買《くるまか》おうって 前《まえ》から言《い》ってんの!
シュタタタタ
車《くるま》なんぞなくても 天使《てんし》にゃ 翼《つばさ》があるわい
根性《こんじょう》という名《な》の 翼《つばさ》がのう
あんぱん

野球部《やきゅうぶ》の監督《かんとく》かっつーの
根性《こんじょう》だけで甲子園《こうしえん》行ける程《ほど》世《よ》の中甘《なかあま》くねーぞ
ぽし
漕《こ》ぐのかわれテツ
わしの翼《つばさ》見《み》せちゃるけー
んな もやしみてーな足《あし》じゃ無理《むり》だって
女《おんな》の子《こ》がそんなはしたない格好《かっこう》するんじゃな…
いっ!?
ギャルゥウウ
ぶわぁぁぁぁあ!!
ジャカジャカジャカジャカ
あっ…あんた一体《いったい》どーゆー筋肉《きんにく》してんだオイッ!!
ゴオオオオオ
いいから前《まえ》を見《み》ろ前《まえ》を…
!!
んげエッ!!

ガシャアン
ぎゃああああ×3
居酒屋 花咲
英会話・音楽
カラカラ
カラカラ
は44の10 中山《なかやま》春吉《はるきち》 七十六歳《さい》
一か月前《げつまえ》に風呂場《ふろば》で転倒《てんとう》し頭部《とうぶ》を強打《きょうだ》して死亡《しぼう》
は44－10

…うん 人相《にんそう》も合《あ》っちょる
間違《まちが》いない 本人《ほんにん》じゃ
そうかい
……ったく 手《て》こずらせやがって
チャッ
歯《は》あくいしばれ 即刻成仏《そっこくじょうぶつ》させてやる
ぶわっ!!
まままま 待《ま》ってちょっと
話《はなし》くらい聞《き》かない? わしも色々《いろいろ》あって……
色々《いろいろ》あっても 大丈夫《だいじょうぶ》
この魂魄廻禁銃《こんぱくかいきんじゅう》 通称《つうしょう》「魂禁《たまきん》」で 眉間《みけん》ブチ抜《ぬ》けば
娑婆《しゃば》にどんな 未練《みれん》があろうと それごとお陀仏《だぶつ》さ
お持《も》ち帰《かえ》り テイクアウトだ
んじゃいそりゃあ!! それじゃ臭《くさ》いもんに フタの原理《げんり》じゃ!
根本的原因《こんぽんてきげんいん》の解決《かいけつ》 になっとらん! 死《し》んでも死《し》にきれんわ!!

懺悔《ざんげ》なんざ
神父《しんぷ》は聞《き》いても
天使《てんし》は聞《き》かねーよ
死人《しにん》の未練《みれん》に
つき合《あ》ってる程《ほど》
暇《ひま》じゃねーんだ
俺達《おれたち》ぁ
……っ
まっ
またんかっ!!
ちょっとで
いいから話《はなし》をっ…
話《はなし》を聞《き》いてくれ!!
たっ…たいした
ことじゃないんだ
わしゃバーさんに
一言《ひとこと》謝《あやま》りたい
だけなんじゃ
オイ勝手《かって》に
しゃべんなよ
謝《あやま》るって
何《なに》を!?
おいっ!
あの…じ…
実《じつ》は…恥《は》ずかしい話《はなし》
死《し》ぬ前《まえ》にバーさんと
ケンカしちゃって…
気《き》まずいまま
別《わか》れてきちゃった
んだよ…
今《いま》さら何《なん》だが
そいつをどうにか
詫《わ》びたくて…
でもこんな身《み》
じゃどうにも
ならんくて…

うむ 幽霊《ゆうれい》が生者《せいじゃ》と接触《せっしょく》できるはずもないわい
くだらねー
んな理由《りゆう》で地縛霊《じばくれい》？
ババアもいい迷惑《めいわく》だ
んじゃコラァー!! 貴様《きさま》も男《おとこ》ならわからんか!!
がっ
人生《じんせい》の苦楽《くらく》を共《とも》にした伴侶《はんりょ》と最期《さいご》くらい美《うつく》しく別《わか》れたいという気持《きも》ちが！
俺《おれ》は独身《どくしん》だも〜ん
じゃあそれくらい惚《ほ》れた女《おんな》はおるじゃろ！
俺《おれ》が心底《しんそこ》惚《ほ》れたのはアントニオ猪木《いのき》だけだ
うぬぬ…
ところで
そんな大事《だいじ》な奥《おく》さんとなぜケンカしちょー
は44-10
……
プリンを…
バーさんが楽《たの》しみに冷《ひ》やしとったプリンを…
食《た》べちゃった

じゃーな
カチャ
まてぇぇ！またんかぁ!!
プリンだぞ！プリンを目《め》の前《まえ》にして…
手《て》をつけずにいられる奴《やつ》がいるかってんだコノヤロー！
んな奴《やつ》いっぱいいるわ
いやいっぱいはおらん
!
かくゆうわしもその一人《ひとり》じゃ
オカンのプリン盗《ぬす》んでしばき倒《たお》された程《ほど》の超絶《ちょうぜつ》プリンセスじゃけん
…いや…だから？

中山
だ〜か〜ら
なんでプリンの好《この》みが一致《いっち》しただけで…
ジーさんの未練《みれん》につき合《あ》うことになるわけ…
プリンセスが苦《くる》しむプリンスを放《ほう》っておくわけにはいかんちょー!
わしらプリン同盟《どうめい》!キャッホ〜!
脳《のう》みそプリン同盟《どうめい》の間違《まちが》いだろ
…ったく結局《けっきょく》毎回《まいかい》こうなるんだよ
金《かね》にならない余計《よけい》な仕事《しごと》ばっかやってよぉ…

大体《だいたい》話《はな》すどころか
むこうにゃこっちの姿《すがた》も
見《み》えてねーってのに
どう接触《せっしょく》するってんだ
ザッ
ザッ
…アネゴ
やっぱ無理《むり》か？
な〜に
なんとでも
なるわい
春《はる》さん
要《よう》は春《はる》さんと
奥《おく》さんの立場《たちば》を
同《おな》じにすりゃ
いいけー
奥《おく》さんの魂《たましい》を
身体《からだ》からひきずり
出《だ》すっちゃ
ほとんど
人殺《ひとごろ》しじゃねーか！
ただの幽体《ゆうたい》
離脱《りだつ》じゃ
用《よう》が済《す》めば
身体《からだ》に返《かえ》す
オイオイ
違法《いほう》だって
…ったく
クソガキ
どうなっても
しらねーかんな
は44−10

あ…あ
ゴホン
…あんたりをん そくめつそく びらりやびらり
—あうん ぜつめいそくぜつうん きんきんだり きんだりはん
パーン
ドサッ
…うむ 完了《かんりょう》じゃ
ていうか 誰《だれ》だそれ!?
どんっ
は44-10
…て
ポロッ

近《ちか》くで見《み》ると けっこうパンチ きいた奥《おく》さんじゃな
あんた世界《せかい》が どんなふうに 見《み》えてんだ!!
なんでバーさん から別人《べつじん》の魂《たましい》が!? わしのバーさんは?
わしの バーさんは?
あー 知《し》んねえ
ばっあっさっんっ はっ!!
がっ
ぐっ… げっはっ
カハッ… やるじゃねぇか 嬢《じょう》ちゃん
ぐふっ
婆婆《しゃば》に残《のこ》して きた母《かあ》ちゃん そっくりだ
だがババアの ことはホント 知《し》らねぇんだ
空《から》んなった身体《からだ》 だけを先刻《せんこく》 偶然発見《ぐうぜんはっけん》してな
俺《おれ》はそれを 保護《ほご》した善良《ぜんりょう》な 浮遊霊《ふゆうれい》さ
まぁあとは 任《まか》せて 俺《おれ》は行《い》くわ
死霊《しりょう》どもは 生身《なまみ》の身体《からだ》を 狙《ねら》ってる 護《まも》ってやんな
そりゃ オメーだろ
!!

パサッ
班長《はんちょう》
面倒《めんどう》なことになってきたぞオイ
フッ
う〜ん
奥《おく》さんの魂《たましい》は縞豚《しまぶた》の憑依《ひょうい》前《まえ》から不在《ふざい》だったようじゃ
消えてしもうた
幽体離脱《ゆうたいりだつ》ばしてその自覚《じかく》なしにどこぞさまよっちょるんじゃろう
オイオイ ウチのバーさんはそんな器用《きよう》な真似《まね》できんぞ
バーさんじゃねーあんたの問題《もんだい》だ
呪《のろ》いってのがあんだろ ありゃ人《ひと》の念《ねん》が引《ひ》き起《お》こすもんだ
トン
魂《たましい》ってのはその塊《かたまり》 今《いま》のあんたは呪《のろ》いが裸《はだか》で歩《ある》いてるようなもんだ
誰《だれ》かを強《つよ》く想《おも》う気持《きも》ちすら今《いま》じゃ凶器《きょうき》さ
その魂《たましい》をこちら側《がわ》に引《ひ》き寄《よ》せるなんてこともできちまう
今《いま》のあんたにはな
は44−10
そっ そんな事《こと》わしゃ望《のぞ》んだ覚《おぼ》えはない!
でも会《あ》いたかったんだろバーさんに
うくっ…!

悪意《あくい》なんか
なくても他者《たしゃ》に
害《がい》を与《あた》えちまう
あんたら亡者《もうじゃ》は
もう立派《りっぱ》な
化《ば》けモンだ
終《お》わった人生《じんせい》に
修正加《しゅうせいくわ》えるなんて
バカなことに固執《こしつ》
したために
あんた
化《ば》け物《もの》になり
さがっちまったん
だよ
テツ 今《いま》はそんな
話《はなし》をしちょる時《とき》
ではなかろう
早《はや》く奥《おく》さんの
魂《たましい》ば捜《さが》さねば
空《から》の肉体《にくたい》の
方《ほう》が滅《ほろ》んで
しまうけー
春《はる》さんも
手伝《てつだ》っ…
?
…春《はる》さん
わしゃ
たわけ者《もの》じゃ
失《うしな》ってみないと
自分《じぶん》の大事《だいじ》な
もんが見《み》えてこん
気《き》づいた時《とき》にゃ
手《て》なんか届《とど》か
ないことばかりだ

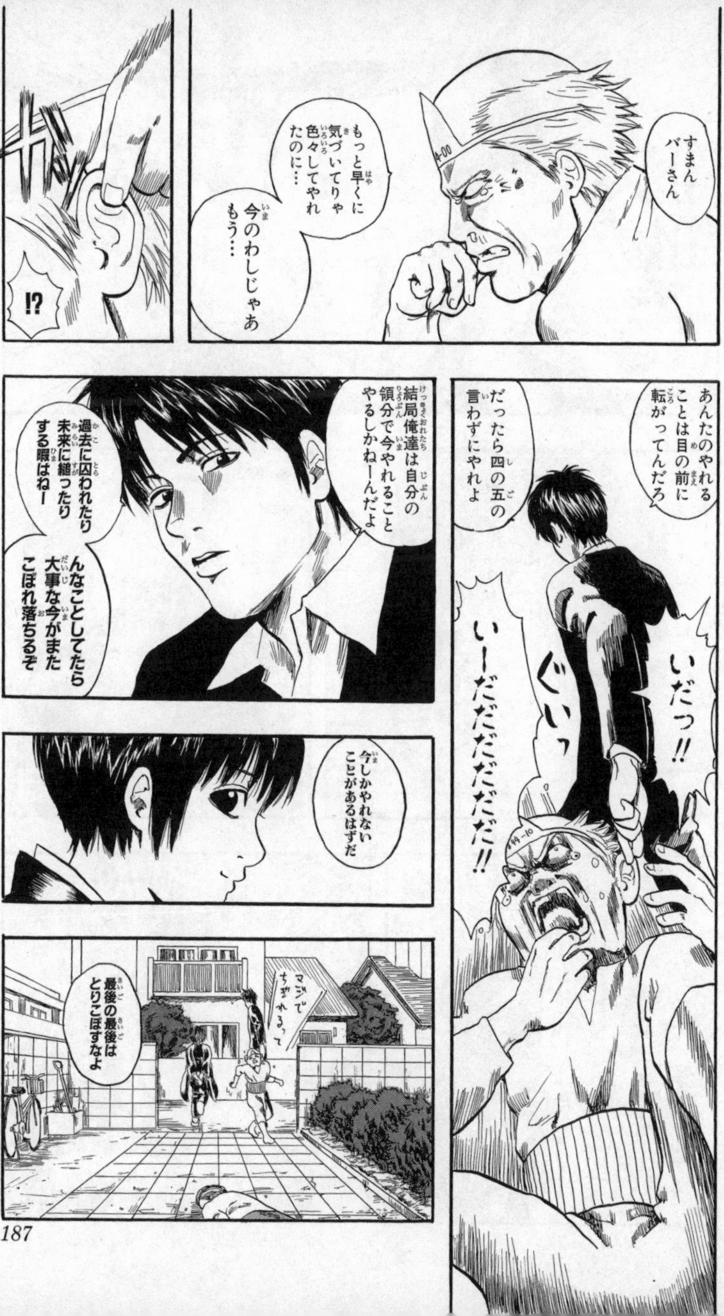
すまん バーさん
もっと早《はや》くに 気《き》づいてりゃ 色々《いろいろ》してやれ たのに…
今《いま》のわしじゃあ もう…
ガッ
!?
あんたのやれる ことは目《め》の前《まえ》に 転《ころ》がってんだろ
だったら四《し》の五《ご》の 言《い》わずにやれよ
いだっ!!
ぐいっ
いーだだだだだだだ!!
結局《けっきょく》俺達《おれたち》は自分《じぶん》の 領分《りょうぶん》で今《いま》やれること やるしかねーんだよ
過去《かこ》に囚《とら》われたり 未来《みらい》に縋《すが》ったり する暇《ひま》はねー
んなことしてたら 大事《だいじ》な今《いま》がまた こぼれ落《お》ちるぞ
今《いま》しかやれない ことがあるはずだ
最後《さいご》の最後《さいご》は とりこぼすなよ
マジで ちぎれるって

くわっ
なんじゃ こるあああ！
こちら すみれ組《ぐみ》だ バカヤロォ!!
なんだ丹波《たんば》か！ 久《ひさ》しぶりだなタコ！
相変《あいか》わらず嬢《じょう》ちゃんに 振《ふ》り回《まわ》されてんのか クソッタレ！
すみれ組《ぐみ》
愚痴《ぐち》は今度《こんど》 聞《き》いてくれや
それより ちょっと力貸《ちからか》して くんねーか
重い！
あん!? 幽体離脱《ゆうたいりだつ》した ババア捜《さが》してる!?
バタバタ
ババアなんか そこら中《じゅう》にいるじゃ ねーか！
特徴《とくちょう》は？
ふじ組《ぐみ》
餓死寸前《がしすんぜん》の ブルドッグ みてーな…
こるぁあ!! 誰《だれ》が ブルドッグじゃ!!
見《み》た目《め》は ブルドッグでも 中身《なかみ》はマルチーズ じゃボケ!!

だんでらいおん

ブルドッグでマルチーズ？残念《ざんねん》ながら心当《こころあ》たりは…
ズドー
でもそれ乱暴《らんぼう》な天使《てんし》なら確認《かくにん》せずに始末《しまつ》しちゃいますよ
うめ組《ぐみ》
注意《ちゅうい》はいいから情報《じょうほう》くれ
なんでもいいからくれ
いい情報《じょうほう》がある例《れい》のビデオ手《て》に入《はい》った
御霊力道山《ごりょうりきどうざん》VS《ブイエス》御霊大山倍達《ごりょうおおやまますたつ》
いいよコレアドレナリン出《で》まくりだよ
きく組《ぐみ》
んな情報《じょうほう》いるかぁ!!
けどあとで貸《か》してね
鉄男《てつお》
こないだの2万返《まんかえ》せコラ
フリー磯部《いそべ》
あれっ？電波《でんぱ》が…切《き》っちゃおっと
だぁっー!!まてまて
そのブルドッグババア俺見《おれみ》たかも
何《なに》!? ホントか!? どこだ教《おし》えろ!!
2万返《まんかえ》してくれたらな

タッ
タッ
タッ
なっ…
なんなのコレェ!?
ハァ
ハァ
ハァ
なんで!?
なんであたしゃ追《お》われてるの!?
ブロロ
ウィ〜さて なんででしょ〜
おやっさん 飲《の》みすぎだって もう…
ちょっと あんた!
ブロロ
散歩中《さんぽちゅう》のババア ヒットして どうすんのよ!
どこのヒットマン? 標的《ひょうてき》間違《まちが》ってん じゃないの?

人《ひと》ぎきの悪《わる》いこと言《い》わないでよ
ヒック
俺達《おれたち》はあんたを迎《むか》えにきた天使様《てんしさま》だよ
あれだよあれ お迎《むか》えさんってやつだよ
そんな汚《きたな》いツラした天使《てんし》がいるかい!
リストラかい!? 会社《かいしゃ》クビんなっておかしくなったんだね
しょうがないな 自分《じぶん》が死んだことに気《き》づいてないのか
あれ? 焦点《しょうてん》が合《あ》わないな
プルル
がんばれわし! アルコールなんかに負《ま》けないで
またんかーい!!
?
しゃか しゃか しゃか しゃか
わしのバーさんに手《て》ェ出《だ》したら…
あのっ…なんかっ…なんかするぞ!!
たんぽぽ組
ドゥン
なんだよそれ

んあっ!!
たんぽぽ組《ぐみ》!?
なんの用《よう》だ貧乏天使《びんぼうてんし》どもがっ!
まさか獲物《えもの》を横取《よこど》りするつもりじゃねーだろうな!?
冥界法《めいかいほう》第《だい》四十二条《じょう》違反《いはん》だぞボケ
しゃかしゃか
違反《いはん》はてめーらの方《ほう》だターコ!!
名簿確認《めいぼかくにん》したか? あのババアは死《し》んじゃいねーよ!!
誰《だれ》がそんなハッタリにひっかかるかバーカ!
ハッタリじゃねえボケ! 早《はや》く車《くるま》止《と》めろカス!
ブオオオオ
誰《だれ》が止《と》めるか! 走《はし》り続《つづ》けるわ! 地平線《ちへいせん》の彼方《かなた》まで走《はし》り続《つづ》けるわ!
こんのアル中天使《ちゅうてんし》!!
ぬおっ!!
ガッ
生命活動《せいめいかつどう》止《と》められてーのか!?
!!
ぐらリ
うおっ! バカ! バランスが!

きゃあああああ
ガラゴッシャ
!!
班長《はんちょう》お!!
じじい!!
てめーっ!!
どっどうしてくれんだ
てめーのせいだぞ!
違《ちが》うね!
絶対《ぜったい》お前《まえ》のせいだね!
もういいから!
車《くるま》止《と》めろって!
ホントにっ!
マジで!
頼《たの》むから!
お前《まえ》こそ
手《て》ェ離《はな》しやがれ
コノヤロォ!
オイみんな
手《て》ェ貸《か》せ!
あの「凶犬《きょうけん》のテツ」に
鉄槌《てっつい》を加《くわ》える
チャンス……!?

ぶう～ん
い゙や゙あ゙あ゙あ゙あ゙!!
班長《はんちょう》ぉ!?
いつの間《ま》にっ!?
ブレーキ!!
ブレーキ踏《ふ》めっ!!
ブオロロロ
わしからも頼《たの》む
今《いま》すぐ止《と》めて!
お願《ねが》い!!
ブレーキって
何《なに》?
外人?
い゙や゙あ゙あ゙あ゙あ゙!!

わからんけー 適当《てきとう》にやるっちゃ
グッ
ブオン
だぁっー！おもくそアクセルぅ!!
!!
プチッ
轢《ひ》いたっ！轢《ひ》いちゃったよ！轢《ひ》いちゃったたって！
いいから！「いっけね」はいいから 前見《まえみ》ろ！ハンドル握《にぎ》れ！
あ゛あ゛あ゛あ゛あ゛あ゛!!
ぶわっ

ゴガン
は44－10
なっ…なんじゃ そらぁぁー!!
何《なに》をどうすっと そうなるんじゃ!?
シュー
あ あいつらっ…
メキッ

ギャアアアア!!
ばっ…ばーさん!? なんでこんなトコに!?
しっかりせい ばーさん!
くそっ…誰《だれ》が こんな酷《ひど》いことを…
ばーさん ばーさん!
わしじゃ! 春吉《はるきち》じゃ!
う…うう
じ… じーさん?
ぶっ… ぶわあーさん!!
こ…こりゃあ 一体《いったい》どーゆ事《こと》だい
いよいよ私《わたし》にも お迎《むか》えが…
バカこくな! 何《なに》があったかしらんが 魂《たましい》はそう簡単《かんたん》に くたばりゃせん!
体《からだ》に戻《もど》せば 元通《もとどお》りじゃ バカヤローめ!
…相変《あいか》わらず やかましい男《おとこ》だね
夢《ゆめ》に出《で》てきて まで喚《わめ》き散《ち》ら さんどくれ
ごほっ
ゆっ…夢《ゆめ》じゃ ねーやい!
わしゃお前《まえ》と 仲直《なかなお》りするために 地縛霊《じばくれい》にっ…!!

地縛霊《じばくれい》？バカかい あんた
バカはねーだろ！わしゃお前《まえ》に一言《ひとこと》詫《わ》びたくてっ
それがバカだって言《い》ってんの
言《い》っとくがねぇ詫《わ》びの一《ひと》つや二《ふた》つで精算《せいさん》できる程《ほど》
私《わたし》の人生《じんせい》は安《やす》かないんだよ
例《たと》え最期《さいご》がどんなもんでも私《わたし》とあんたが生《い》きた五十年《ねん》は変《か》わらんだろ
今《いま》さら安《やす》っぽい言葉《ことば》で飾《かざ》りたてなくたってさぁ
ほころびだらけだけど賑《にぎ》やかだった人生《じんせい》が私《わたし》は気《き》に入《い》ってんだよ
人間《にんげん》死《し》に方《かた》は選《えら》べないが生《い》き方《かた》は自由《じゆう》だろ肝心《かんじん》なのはそれさ
笑《わら》って死《し》ぬことはできなくても私《わたし》ら散々《さんざん》笑《わら》って生《い》きてきたじゃないのさ
うんうん
それ以上《いじょう》何《なに》がいるってんだい
今《いま》さらゴチャゴチャ……情《なさ》けないよあんた…
見《み》るにたえない…さっさと消《き》えちまっとくれ

…最期《さいご》まで憎《にく》たらしい奴《やつ》よ…
…わーったわい！
言《い》われんでも消《き》えてやるわいチクショー!!
だけど最後《さいご》になぁ
お前《まえ》といた五十年《ねん》…色々《いろいろ》あったけどなぁ
やっぱ楽《たの》しかったぞクソババア!!
安《やす》くさかろーが何《なん》だろーが
これだきゃ言《い》っとくぞババア！
そのまま返《かえ》すよクソジジイ
パサ

…ったく
お袋《ふくろ》も背負《せお》った
ことねーってのに
スンスン
それになんか…
くせーんだけど…
馬糞《ばふん》みたいな
匂《にお》いが…
年寄《としよ》りの口《くち》が
臭《にお》うのは自然《しぜん》の
摂理《せつり》じゃけー騒《さわ》ぐな
奥《おく》さん目《め》ぇ
覚《さ》まして
しまうわい
ぐすっ
オイ 色《いろ》んな
穴《あな》から液体《えきたい》が
流《なが》れ出《で》てるぞ
よくまぁ
あんなデリカシーの
ない別《わか》れ見《み》て
涙《なみだ》出《で》てくるな
オラ
鼻かめ
そげなこつ
言《い》われても出《で》る
もんは出《で》る
涙《なみだ》は女《おんな》の最大《さいだい》の
武器《ぶき》じゃと
昔《むかし》オカンに教《おそ》わった
けん
ブビッー
気持《きも》ちが落《お》ちつく
うえに男《おとこ》も
おとせるちゅーて
どーゆー
母《かあ》ちゃんだよ
…んなもん
武器《ぶき》にするくらい
なら笑顔《えがお》の一《ひと》つ
でも覚《おぼ》えな

だんでらいおん

だんでらいおん(完)

幻《まぼろし》の作品《さくひん》！

『侍駄 —サムライダー—』

キャラクター大公開《だいこうかい》!!

こんなもん載《の》せんじゃねーよと言《い》いたいですが、もう載《の》ってるからしゃーない。僕《ぼく》は『銀魂《ぎんたま》』にいたるまでに漫画《まんが》を3本《ぼん》描《か》いてます。そのうち2本《ほん》は、運良《うんよ》く日《ひ》の目《め》を見《み》ましたが、1本《ぽん》はネームの段階《だんかい》でこの世《よ》から消《き》えました。これはそれです。

幕末《ばくまつ》のボロ剣術道場《けんじゅつどうじょう》に、犯罪者《はんざいしゃ》を追《お》って宇宙《うちゅう》警察《けいさつ》がやってきて、道場《どうじょう》の面々《めんめん》と協力《きょうりょく》して宇宙《うちゅう》人犯罪者《じんはんざいしゃ》をやっつけるというウンコみたいな漫《まん》画《が》ですが、ひそかに『銀魂《ぎんたま》』の前身《ぜんしん》になっております。ヒロインの女《おんな》の子《こ》が定期的《ていきてき》にハナクソをほじらないと錯乱《さくらん》するというキャラで、常《つね》にハナクソほじくってます。そりゃボツになるわな。

担当編集《たんとうへんしゅう》O《オー》氏《し》の（厳《きび》しい）一言《ひとこと》

主人公《しゅじんこう》キャラ、もっと作《つく》り込《こ》みが必要《ひつよう》。しゃべり方《かた》がちょっと変《へん》というだけで、あとはとってつけた様《よう》な設定《せってい》だけ。主人公《しゅじんこう》に何《なに》が出来《でき》るのか？　どんな力《ちから》があるのか？　彼女《かのじょ》によって侍《さむらい》たちがどんな目《め》に遭《あ》うのか？　エピソードを使《つか》って作《つく》り込《こ》んで下《くだ》さい。

すっぱだか銀魂

えーページが2ページあまりました。やることもないし
もう脱ぐしかねーだろ。ということで脱ぎます。
「てめェの汚ねェ裸なんて見たかねーんだよ」と思ってる
そこの少年少女は汚いのは自分の心であることを自覚し
明日からその十字架を背負って生きていってください。
……ハイ。ということで銀魂誕生までを赤裸々に語ろう
と思います。ことの始まりは担当モンキッチ大西の一言でした。
「来年大河ドラマで新選組やるのしってるだろ。アレに便乗しろ」
当時連載用の漫画を考えていた僕は見たこともない
ハリーポッターをうっすら上辺だけパクり和風にしあげた
妖魔退治学園モノで一発あてるつもりでした(あたるかよ)
それに時代劇は一回失敗して懲りてたので

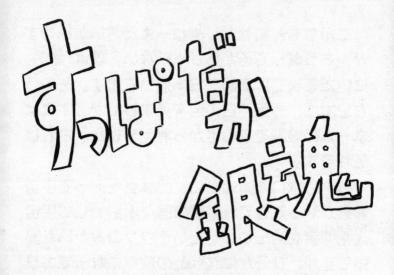

「時代劇は台詞が制限されるから嫌です。大体そんな
あからさまな便乗できるわけねーだろ モンチッチよォォォ!!」
と担当に切り返します しかし
「誰がモンチッチだァァ!!てめーは現代モンやっても地味だって
言ってんだろーが 大体てめーもハリーに便乗しようとしてんだろ」
「ハリーはいいんだよ!外人だから」と泥沼化 最終的に
「時代設定なんざどーでもいい! ファンタジーだ!
ファンタジー時代劇だ!! 新選組と怪物でチャンバラだァァ!!」
とやり込められてしまいます。
そんなこんなで原稿にむかった僕ですが 設定の矛盾、
担当へのいらだち、アパートの雨漏り、口内炎、
担当へのいらだち、その他 担当へのいらだちなどの
問題にぶつかり ペンが止まってしまいます。
「だから言ったべやァァ!! モンチッチ! もうアイツのいう
ことなんてきかねェェェ!!」と 勝手に漫画のノリを
変えました。それが銀魂です。
えー ということで パンツまで脱いでしまいました。
もう脱ぐものがないので 服を着て また2巻で
お会いしたいと思います
読んでいただき ありがとうございました。

空知